Stanislaus Klemm

Wenn Steine reden …

Botschaften aus einer stillen Welt

Stanislaus Klemm

Wenn *Steine* reden …

Botschaften aus einer stillen Welt

Mit 12 Fotos von
Klaus Kuhnen

Verlag Hermann Bauer
Freiburg im Breisgau

Die Deutsche Bibliothek – CIP-Einheitsaufnahme

Klemm, Stanislaus:
Wenn Steine reden … : Botschaften aus einer stillen
Welt / Stanislaus Klemm. –
1. Aufl. – Freiburg im Breisgau : Bauer, 1998
  ISBN 3-7626-0586-6

Das Foto »Steinkohle« wurde mit freundlicher Genehmigung
von der Saarberg-Fernwärme GmbH zur Verfügung gestellt.
Das Foto »Marmor« zeigt eine Skulptur von Martin Koch.

1. Auflage 1998
ISBN 3-7626-0586-6
© für die deutsche Ausgabe 1998
by Verlag Hermann Bauer KG, Freiburg im Breisgau
Lektorat: Ute Orth
Einband: Jutta Fellhauer, Freiburg im Breisgau
Satz: Fotosetzerei G. Scheydecker, Freiburg im Breisgau
Druck und Bindung: Freiburger Graphische Betriebe, Freiburg im Breisgau

Printed in Germany

*Meiner Frau Helga
und meinem Sohn Martin
in Liebe gewidmet*

»Wir Steine,
wenn einer uns hebt,
hebt er Urzeiten empor –
wenn einer uns hebt,
hebt er den Garten Eden empor –
wenn einer uns hebt,
hebt er Adams und Evas Erkenntnis empor
und der Schlange staubessende Verführung.

Wenn einer uns hebt,
hebt er Billionen Erinnerungen in seiner Hand,
die sich nicht auflösen im Blute
wie der Abend.
Denn Gedenksteine sind wir,
alles Sterben umfassend.

Wenn einer uns wirft,
wirft er den Garten Eden –
den Wein der Sterne –
die Augen der Liebenden und allen Verrat.

Wenn einer uns wirft im Zorne,
so wirft er Äonen gebrochener Herzen
und seidener Schmetterlinge.

Hütet euch, hütet euch,
zu werfen im Zorn mit einem Stein –
unser Gemisch ist ein vom Odem Durchblasenes.
Es erstarrte im Geheimnis,
aber kann erwachen an einem Kuß.«

Nelly Sachs

Inhalt

Einleitung

»Wenn sie schweigen,
werden die Steine schreien.«
Lukas 5,19

Daß die unübersehbare Vielfalt der Natur und unserer Welt sich in eine bestimmte Ordnung bringen läßt, wirkt irgendwie beruhigend. Dieses Gefühl hatte ich, als mir in einer der ersten Naturkundestunden unserer Volksschule die ganze Schöpfung als eine große Stufenpyramide vorgestellt wurde. Die unterste Stufe war dabei die größte und nannte sich »die unbeseelte Welt der Steine«. Auf dieser aufbauend, folgte die Stufe der Pflanzen, dann die der Tiere, und zuletzt erhob sich der Mensch, gewissermaßen als »die Krone der Schöpfung«, wenngleich er sich heute eher zu ihrer Dornenkrone entwickelte. Über dieser Stufe gab es noch die ohnehin unfaßbare Welt der Engel, der Geistwesen und die Welt Gottes. Von einer Stufe zur anderen gab es keine fließenden Übergänge oder vorbereitenden Schritte, wie dies die Evolution nahelegt; es war lediglich der grandiose Ideensprung des Schöpfers, der jeweils eine völlig neuartige, noch nie dagewesene Welt entstehen ließ. Mit jeder Stufe schritt die Natur in einem gewaltigen Neubeginn ihrer Vervollkommnung entgegen, wurde zur Summe vieler Teile, die scharf voneinander getrennt waren, jeder eine eigene, unverwechselbare Welt.

Mittlerweile hat sich dieses alte Ordnungsschema – so faszinierend es auch sein mag, weil es auch der Eitelkeit des Menschen schmeichelt – stark verändert. Interessante Berichte über abstammungsgeschichtliche Befunde aus der Evolutionsforschung legen die Vermutung nahe, daß unsere gesamte Weltentwicklung eher eine fließende Bewegung vollzieht, indem sie in einem faszinierenden Zusammenspiel von Zufall und selektierender Ordnung immer neue Wirklichkeiten entstehen läßt, in einer fortdauernden Kette spielerischer Möglichkeiten Schöpfungen entfaltet, die allesamt Variationen ein und derselben Melodie sind, Kinder ein und derselben Familie, Kunstwerke aus ein und demselben Stoff. Berichte von heilenden Steinen und wachsenden Kristallen, von Stein-Pflanzen, fleischfressenden Pflanzen und von Blumen mit einer sehr sensiblen Gefühlswelt; Berichte von Tieren, die menschliche, geistig-soziale Verhaltensweisen hervorbringen können und von Menschen, deren Verhalten manchmal »tierische Abgründe« aufweist, aber auch von Menschen, die »wahre Engel« sind – all diese Berichte und Beobachtungen sind nur alltägliche Streiflichter, Indizien und Stationen einer Entwicklung, die uns nahelegt, die Welt nicht so abgegrenzt und zergliedert zu betrachten.

In seinem Buch *Wir sind nicht nur von dieser Welt* beschreibt Hoimar von Ditfurth diesen Gesichtspunkt auf sehr anschauliche Weise. Für ihn ist die Welt nicht ein zergliedertes Puzzle vieler Mosaiksteinchen, sondern eine Ganzheit. Wir Menschen brauchen aber, wenn wir uns in unserer Welt zurechtfinden wollen, »so etwas wie ein der Außenwelt von unserem Gehirn übergestülptes Gradnetz, mit dessen Hilfe wir uns in der Fülle der Erscheinungen die Übersicht zu erleichtern suchen. Auch das einer Wanderkarte aufgedruckte Gradnetz, das dem gleichen Zweck dient, gibt ja keine wirkliche Eigenschaft der abgebildeten Landschaft wieder.«

Nicht die Trennung und Verschiedenheit sollten also im Mittelpunkt stehen, sondern die Vorstellung der allgegenwärtigen Einheit aller Dinge. Die Ansicht, daß in jedem einzelnen Teil unserer Natur auch immer das Ganze enthalten und gegenwärtig ist, wird immer stärker, je intensiver Menschen sich darauf einlassen, hinter allen Naturerscheinungen eine Wirklichkeit, eine Kraft, eine Energiequelle zu erwarten, die als die Quelle aller erfahrbaren Verschiedenheiten die schöpferische und sinngerichtete Einheit bildet. Man mag je nach eigener geistiger Tradition diese Kraft nennen, wie man will, sie mag das Ergebnis philosophischer, religiöser oder naturwissenschaftlicher Überlegungen und Erfahrungen sein. Doch diese Weltsicht vermag eine Grundstimmung zu schaffen, die nicht von Distanz und Entfremdung geprägt ist, sondern durch das Gefühl von Einheit, Zusammengehörigkeit und Nähe aller Dinge und Ereignisse.

Das Geschöpf ist zwar nicht mit dem Schöpfer identisch, aber wir können doch davon ausgehen, daß in jedem Geschöpf die Spuren des Schöpfers selbst vorhanden und wirksam sind. Eine solche Überlegung legt es nahe, den Steinen nicht grundsätzlich eine »Beseeltheit« abzusprechen. Auch Steine und Kristalle sind bewundernswerte Geschöpfe Gottes, Zeugnisse seiner unvorstellbaren Kreativität, und in der kleinsten Spur Gottes spiegelt sich auch immer die Tiefe einer Seele. Der bekannte französische Naturwissenschaftler und Theologe Teilhard de Chardin spricht vom materiellen Untergrund unserer Welt als einem »gefrorenen Geist«. Einen ähnlichen Gedanken finden wir in einem indischen Sprichwort, das in der Unterschiedlichkeit der Schöpfung unterschiedliche Bewußtseinsebenen Gottes vermutet: »Gott schläft im Stein, er atmet in der Pflanze, er träumt im Tier, und er erwacht im Menschen.«

Vor dem Hintergrund dieser Gedanken hat sich in den letzten Jahren meine Beschäftigung mit Steinen und Mineralien dahingehend verändert, daß ich in den Steinen nicht nur »tote, unbeseelte Gegenstände« erkenne, die lediglich »zu etwas Sinnvollem umgewandelt« werden müssen, vielmehr sehe ich die Möglichkeit, ihnen auf einem meditativen Weg zu begegnen. Es ist eine Möglichkeit, sie nicht nur unter dem Gesichtspunkt ihrer Erforschbarkeit und naturwissenschaftlichen Nützlichkeit wahrzunehmen und zu »behandeln«, sondern in einer Begegnung mit ihnen auch in ihrer Würde, in ihrer Gestalt, in ihrem Sinn und ihrer Aussage.

Dieser Weg ist vielleicht eine Art Gegenbewegung zu jener alten Versuchung, von der bereits die Bibel berichtet: »Da trat der Versucher an ihn (Jesus) heran. Der flüsterte ihm zu: ›Du bist Gottes Sohn! So sprich ein Wort, und aus diesen Steinen wird Brot!‹ Jesus aber entgegnete: ›Es steht geschrieben: Der Mensch lebt nicht vom Brot allein, sondern von jedem Wort, das Gott zu ihm spricht‹« (Matthäus 4,3). Steine in Brot zu verwandeln – wohl ein uralter Traum des Menschen. Dagegen wächst meine Erfahrung, daß Steine nicht nur den Ausgangs- oder den Grundstoff bilden, aus dem sich etwas Brauchbares machen läßt. Steine werden selbst Reichtum für denjenigen, der ihnen zu begegnen bereit ist, der sie nicht mit den Augen eines neurotischen Besitzenwollens anschaut, sondern mit den Augen eines staunenden und ehrfürchtigen Interesses. Man fühlt sich an ein altes Märchen erinnert, an »Hänsel und Gretel«. Fanden die beiden Kinder anfangs nicht den Weg ins Elternhaus wieder zurück, so doch mit Hilfe im Mond schimmernder Kieselsteine, die Hänsel auf den Weg gestreut hatte. Beim zweiten Mal fehlten ihm die Kieselsteine, so daß er Brotstückchen streute, die allerdings von den Vögeln rasch aufgepickt wurden, so daß die beiden den Weg nach Hause nicht mehr fanden. Seltsam, Steine, nicht das Brot, werden zum Symbol, den Weg nach Hause zu finden. Was könnten Steine in dieser Symbolkraft für uns bedeuten? Vielleicht ein Hinweis, wieder zurück ins Vaterhaus, in Gottes Schöpfung zu finden.

Wenn uns Ludwig Uhland in seiner »Schwäbischen Kunde« den langen Weg Kaiser Rotbarts ins Heilige Land mit wenig Begeisterung beschreibt: »Viel Steine gab's und wenig Brot«, so trifft dieses Wort eine gängige Vorstellung, die wir allgemein von Steinen besitzen: Es sind unfruchtbare, tote, harte, ungenießbare, unbeseelte, trockene und manchmal überflüssige Gegenstände, die einem oft nur den Weg versperren, an denen wir uns den Kopf oder den Fuß stoßen. Eine eigenartige Geringschätzung der Steine, wenn man bedenkt, daß die Wiege der Menschheit in der »Stein-Zeit« zu suchen ist und der Inbegriff einer geglückten menschlichen Zukunft in jenem Bild zu finden ist, das als »Stein der Weisen« bezeichnet wird.

Wie wohltuend lesen sich da zwei Texte, die einen anderen Weg suchen: »Es gibt nichts Totes auf der Welt, hat alles sein Verstand. Es lebt das öde Felsenriff, es lebt der dürre Sand. Laß deine Augen offen sein, geschlossen deinen Mund, und wand're still, dann werden dir geheime Dinge kund« (Hermann Löns). Dies wäre eine Chance, die schon Teilhard de Chardin in seiner »Hymne an die Materie« anklingen ließ: »Ich segne Dich, Materie, und grüße Dich, nicht so, wie Dich die Hohen Herren der Wissenschaft und die Tugendprediger verkürzt oder entstellt beschreiben – eine Zusammenhäufung, so sagen sie, brutaler Kräfte oder niedriger Neigungen –, sondern so, wie Du mir heute erscheinst, in Deiner Totalität und in Deiner Wahrheit.«

Ich liebe die Steine und betrachte die »stummen« Geschöpfe gewissermaßen als »Freunde«, deren Anblick und Gegenwart mir in vielen Stunden, in vielen schwierigen Situationen Halt und Zuversicht bedeuten.

Steine waren für den Menschen immer schon ein Inbegriff für Halt, Festigkeit, Schutz, Geborgenheit und Beständigkeit. Mit Steinen baute er seine Häuser. Er befestigte Straßen, umgab seine Gräber und Städte mit riesigen Steinquadern, er baute damit Pyramiden, Tempel und Dome, aber auch Gefängnisse und Festungen. Er mahlte sein Getreide mit Mühlsteinen, schlug Feuer aus Feuersteinen und bäckt immer noch sein Brot auf heißen Steinen. Noch heute grenzt der Mensch seinen Besitz ein, indem er Grenzsteine setzt. Bei wichtigen Baumaßnahmen erfolgt auch heute noch am Anfang eine Grundsteinlegung. Seine Wünsche, Bitten, Erwartungen und Ängste legt er noch immer auf steinerne Altäre – Begegnungsstätten zwischen dem Menschlichen und dem Göttlichen. Das Leben der meisten Menschen ist gewissermaßen eine Brücke von Stein zu Stein: vom Taufstein zum Grabstein.

Wie eng das menschliche Leben mit der Welt der Steine zusammenhängt, wird bereits augenfällig, wenn man bedenkt, daß die Menschen in der »Stein-Zeit« Steinwerkzeuge, Steinwaffen und die Verarbeitung von Erzgestein zur Grundlage ihres Überlebens machten.

Auch in der kosmischen Geschichte sind die Steine die letzten sichtbaren Pfeiler einer gigantischen Brücke, die sich über Raum und Zeit bis zu den entferntesten Milchstraßensystemen spannt. Wir brauchen gar nicht zu den Sternen zu greifen, die Steine selbst sind kostbare Sternensplitter, Spuren geborstener Sterne, aus denen sich Planeten und menschliches Leben entwickeln konnten. Steine sind gewissermaßen die ältesten Bewohner, der Untergrund unserer Welt, sie sind die ältesten Erinnerungsreserven der uralten Geschichte unseres Planeten. Und selbst wenn wir von der Größe des Universums bis in die mikroskopischen Tiefen unseres Körpers hinabsteigen und uns mit der Geschichte unseres eigenen Körpers beschäftigen, stoßen wir auf Steine, auf die »Bausteine des Lebens«.

Wer ist nicht fasziniert von der Formenvielfalt der Kristalle, von der schillernden Farbenpracht der Mineralien, der Erzgesteine und Edelsteine – den wahrhaft blühenden Blumen unserer Erdkruste. Endlose Geschichten, Reiseberichte, Legenden und Märchen ranken sich um menschliche Leidenschaft, um Abenteuer und Gefahren, die mit der Suche und dem Besitz edler Steine und kostbaren Erzgesteins in Verbindung stehen. Gold, Silber und edle Steine haben Geschichte gemacht und beeinflußt. Das Tragen von Amuletten, Kraftsteinen und Ringen, aber auch, daß bestimmten Steinen und Kristallen oder auch Metallen energetische Kräfte und Strahlungen zugeschrieben werden, all dies spielt im Volksglauben, in der Kultur- und Religionsgeschichte, und auch in gnostischen Geheimwissenschaften – der Alchemie und Astrologie –, ja sogar in vielen philosophischen Gedankengängen bis in heutige esoterische Ansätze hinein eine bedeutende Rolle.

Unzählige Menschen jagen auch heute noch den Edelsteinen und glitzernden Edelmetallen hinterher, leisten oft mörderisch harte Arbeit in Silber-, Diamant- und Goldminen, in Salz- und Kohlebergwerken. Wie viele Steinbrüche, Bergstollen und Steilwände erzählen von tödlichen Unfällen, von Sklaverei, Schinderei, Leichtsinn, Ehrgeiz und Erfolg, von Hunger und Armut, aber auch von Reichtum und Macht. Auch Gefühle von dumpfer Angst, Verzweiflung und schwerer Schuld finden immer wieder im Stein einen plastischen Ausdruck, wenn Bildhauer ihn zum Material ihrer eigenen Sprache machen. Aber auch Schönheit, Lebenslust und die Freude an Tanz und Bewegung haben in der Steinplastik und im Edelsteinschmuck künstlerischen Ausdruck gefunden. Oft hat die Phantasie eines ganzen Volkes an diesen Steinplastiken gearbeitet, wenn viele schroffe Felsen, gefährliche und merkwürdig geformte Gebirgszüge Namen erhielten wie: »Teufelsstein«, »Hexenstein«, »Totenkopf«, »Drachenfels« ... usw.

Auch unsere sprachliche Ausdrucksweise ist mit den Steinen eng verknüpft. Steine helfen dem Menschen, bestimmte Tiere, Pflanzen und Gegenstände näher zu kennzeichnen: Steinadler, Steinbock, Steineiche, Steinkraut, Steingut, Steinsalz ... usw. Wir sprechen vom »Stein des Anstoßes«, wir sind erfreut, wenn wir bei einem Menschen einen »Stein im Brett« haben. Wir reden vom »Tropfen auf den heißen Stein«, bringen »Steine ins Rollen« und werfen selbst dann noch mit Steinen, wenn wir im Glashaus sitzen. Wir lassen unsere Mitmenschen gerne auf »Granit beißen«, zeigen oft einen »versteinerten Gesichtsausdruck«: werden selten »steinreich« oder »steinalt«. Selbst »hart wie ein Stein« können wir manchmal sein oder weinen zum »Steinerweichen«. Viele Menschen machen sich auf, den »Stein der Weisen« zu finden. Wenn einer sie dabei stört, könnte er Gefahr laufen, »gesteinigt« zu werden. Unzählige solcher Redewendungen ließen sich noch aufzählen, in denen Steine eine Rolle spielen.

Zwischen unserem Leben und den Steinen sind im Laufe der Zeit unendlich viele Verbindungslinien, viele Wege und Wechselbeziehungen entstanden, spiegeln sich so viele Erfahrungen und Empfindungen wider, daß eine Begegnung mit den Steinen einer menschlichen Begegnung sehr nahe kommen kann. So können z. B. den Steinen zugeordnete geologische Vorgänge wie Heben, Senken, Falten, Drücken, Pressen, Ablagern, Versteinern, Versanden, Verschieben, Ausspülen, Aus- und Abbrechen oder Abschleifen den bildhaften und erlebten Hintergrund für viele zwischenmenschliche Verhaltensweisen darstellen. In der Formen- und Farbenvielfalt sowie in der Entstehungs- und Verwendungsgeschichte der einzelnen Steine ist eine Unzahl menschlicher Erfahrungs- und Stimmungsaspekte gespeichert, in versteinerter Form »festgehalten« – gleichnishaft, bildhaft und stets bereit, abgerufen, durchdacht, zur Auseinandersetzung herangezogen und neu gelebt oder erlebt zu werden.

Wenngleich dieses Buch nicht den heutigen esoterischen Trend vieler Edelstein- und Kristallheiler verfolgt und weiter fortführt – es werden hier nur ganz »gewöhnliche« Steine vorgestellt –, so möchte der Autor die Möglichkeit einer heilsamen physischen Ausstrahlung mancher Steine nicht grundsätzlich ausschließen. Es dürfte für einen gläubigen Menschen keine große Überforderung sein, sich vorzustellen, daß der Schöpfer auch in manche Steine heilende Kräfte hineingelegt hat, so wie er es bei vielen Pflanzen getan hat. Wenn etwa so gescheite Menschen wie der heilige Albertus Magnus oder die heilige Hildegard von Bingen sich ernsthaft mit der Möglichkeit solcher Heilkräfte beschäftigen, so könnte dies die generelle Unvernunft einer solchen Fragestellung in Zweifel ziehen, wenngleich der Autor einen anderen Weg geht und die eigentliche Heilkraft in der besinnlichen, meditativen Begegnung mit diesen uralten, »weisen« Geschöpfen unserer Natur erfahrbar machen möchte.

Abgelehnt wird hier jegliche Form von Geschäftemacherei, die so manchem »guruhaften« Edelstein- und Steinheiler anhaftet. In Zweifel gezogen werden hier auch alle magischen Formen und Ausprägungen, denn gerade das »in den Griff bekommen«, gerade das »Beherrschenwollen« dieser Kräfte ist immer wieder die Seele dieser neuen Edelstein-»zunft«. Ich möchte dafür werben, die Steine eben nicht zu »beherrschen« – die Natur wird ohnehin von uns zu sehr beherrscht –, sondern ich möchte mit den Steinen in Beziehung treten, ich möchte mich ihrer Formen- und Farbenvielfalt, ihrer Schönheit, ihrem respektablen Alter, ihrer »steingewordenen« Weisheit und Erfahrung aussetzen, mich innerlich berühren, ansprechen und beschenken lassen.

Steine, jene uralten Geschöpfe, die für uns Ruhe, Halt und Geborgenheit ausstrahlen – das geheimnisvolle Glitzern, Schillern und Funkeln ihrer Kristallflächen, ihre oft bizarren Formen, ihre symbolhafte Entstehungsgeschichte – all dies macht es für jemanden leicht, sich in ihrer Gegenwart zu entspannen, zu meditieren und seiner Phantasie freien Lauf zu lassen. Dies schafft eine positive Beziehung, die Grundlage jeder Heilung, bei der am Anfang die Freisetzung der Selbstheilungskräfte steht. Steine werden für uns in der Stille der Meditation zu »beredten« Zeugnissen unserer Natur, freilich in einer sehr leisen Sprache. Wir brauchen ihnen nur unsere Stimme zu leihen, um ihre Botschaften zu vernehmen, hörbar und erfahrbar zu machen. »*Mit den Steinen des Feldes bist du verbündet!*« (Hiob 5,23). Wer sich der Natur und ihrer Botschaft gegenüber taub stellt, für den könnte sie vielleicht eines Tages ihre stummen Geschöpfe schreien lassen, wie dies in der Bibel bereits erahnt wird: »*Wenn sie schweigen, werden die Steine schreien*« (Lukas 5,19). »*... der Stein aus der Mauer schreit auf, und vom Gebälk gibt der Sparren ihm Antwort*« (Habakuk 2,10).

Meditationen

Die nachfolgenden Meditationstexte mit je einem zugeordneten Foto können immer nur ein Beispiel sein für die Vielfalt kreativer Möglichkeiten, mit Steinen meditativ umzugehen. Sie können und wollen nicht das ersetzen, wovon jede Meditation lebt: mit eigenen Augen zu sehen, mit eigenen Ohren zu hören, mit eigenen Händen zu begreifen, ureigenen Gedanken und Stimmungen nachzuspüren. Auch die den Texten zugeordneten Steinfotos, welche die Sichtweise des Fotografen widerspiegeln, können nicht die Notwendigkeit ersetzen, sich die jeweiligen Steine während der Meditation mit eigenen Augen anzuschauen. Das Abbild kann nicht das Bild ersetzen. Die Steine sollten »leibhaftig« vor Ihnen liegen, in Ihren Händen. Sie sollten sie von allen Seiten betrachten, ihre Struktur ertasten, ihr Gewicht spüren, ihre Temperatur wahrnehmen. Sie können ihren Glanz, ihren Geruch erleben – mit einem Wort: Sie sollten sich während der Meditation der physischen Gegenwart der Steine »aussetzen«, um dann auch ihre »psychische« Seite, ihren Symbolgehalt und ihre Aussagen »leibhaftiger« zu verstehen.

Sie können sich zunächst auf die meditative Begegnung mit einem Stein vorbereiten. Die Meditation beginnt eigentlich schon dort, wo Sie sich für einen bestimmten Stein interessieren. Sie können den jeweiligen Stein näher kennenlernen. Wo und wie Sie bestimmte Steine suchen, finden und betrachten können, welche Entstehungs- und Verwendungsgeschichte die einzelnen Steine haben, welche Eigenschaften sie besitzen, welche Besonderheiten sie aufweisen, all dies sollen Ihnen die Erläuterungen zu den einzelnen Steinen sowie entsprechende Literaturhinweise und Museumslisten (siehe »Anhang« und »Literaturverzeichnis«) erleichtern helfen.

Jede Form von Meditation beginnt mit der Erfahrung der Entspannung, mit Stille und Ruhe. Dabei sollten Sie all das anwenden und ausprobieren, was Ihnen ganz speziell hilft, diese Erfahrung zu machen. Sie sollten sich bei der Meditation die Freiheit gönnen, selbst zu entscheiden, welcher Ort und welche Methode für Sie besonders geeignet ist, Ruhe, Stille und Entspannung zu finden. Für den einen ist es ein abgeschlossener Raum, für den anderen ist es eine Wiese, eine Bank im Freien ... usw. Der eine empfindet meditative Musik als hilfreich, der andere sucht die absolute Stille. Der eine schließt die Augen, der andere möchte lieber den Gegenstand der Meditation genau anschauen. Der eine braucht den Schein und den Geruch einer Kerze, wieder ein anderer braucht eine ganz bestimmte Körperhaltung, die ihm hilft, Entspannung und Ruhe zu finden. Jeder von Ihnen sollte seinen eigenen Weg selbst herausfinden und für sich auswählen. Entsprechende Meditationsbücher (siehe »Literaturverzeichnis«) können dabei eine Hilfe sein.

Wenn Sie eine gute Situation gefunden haben, in der Sie sich für eine Stunde ungestört und entspannt fühlen können, wenn Sie einen Stein ausgewählt haben, mit dem Sie meditieren möchten, werden Sie sich in der Regel durch ruhiges und kräftiges Ein- und Ausatmen Schritt für Schritt einer tiefen Entspannung nähern, werden mehr und mehr alles Oberflächliche, Ablenkende abstreifen, werden Ihre »Mitte« spüren können und die Bereitschaft, sich ganz und ungeteilt Ihrem »Gegenüber«, dem Stein, zu öffnen. Sie nehmen Kontakt mit ihm auf. Sie können dabei ganz im Rhythmus des Ein- und Ausatmens die Augen öffnen und wieder schließen, ganz so, wie Sie es gerade möchten.

Das Anschauen und Betasten des Steins kann in Ihnen bestimmte Sinneseindrücke auslösen, und Sie können einfach neugierig sein und abwarten, welche Stimmungen, Empfindungen und Erinnerungen die Form, die Farbe, die Beschaffenheit sowie die Entstehungs- und Verwendungsgeschichte dieses Steins sowie sein Sinngehalt in Ihnen wecken. Sie können sich dabei einmal in den jeweiligen Stein hineinversetzen, können ihm eine Sprache geben, können ihn erzählen lassen oder können in einen Dialog mit ihm eintreten. Die in diesem Buch abgedruckten Meditationstexte sind nur ein Beispiel für diesen Prozeß und mögen für denjenigen, der zum erstenmal mit Steinen meditiert, eine Vorlage sein. In diesem Falle lesen Sie diesen Text während der Meditation in kleinen Abschnitten und nehmen ihn in sich auf.

Die am Ende der Meditationstexte angebotenen »Anregungen« sind Impulse für Ihre Meditation. Es sind mögliche Meditationsschritte, die Ihnen helfen möchten, in die meditative Begegnung mit den Steinen einzusteigen. Diese Anregungen sollen Ihnen ebenfalls nur eine Hilfe sein, in die Steinmeditation hineingeführt zu werden.

Während dieser Steinmeditation können Sie spüren, daß nicht mehr Sie es sind, der sich um einen ruhenden Stein bewegt wie im normalen Alltagsbewußtsein, sondern Sie selbst verharren in Ruhe, während sich der Stein um Sie herum bewegen kann. Indem Sie ihm eine Stimme geben, erscheint er Ihnen in seiner ganzen Würde, in seinem Sein und in seiner »stummen« Aussage.

Am Ende einer Meditation ist es immer wichtig, daß Sie sich wieder »zurücknehmen«. Während Sie sich kräftig recken und strecken, ganz tief ein- und ausatmen, können Sie die Augen weit öffnen und den Kontakt mit Ihrer Umgebung wieder aufnehmen.

Sie werden sich vielleicht fragen, warum ich gerade diese 13 Steine ausgewählt und für die Meditation vorgeschlagen habe. Dies hat sicher keinerlei sachliche Gründe, sondern ganz persönliche. Ich suche und sammle bereits seit 30 Jahren Mineralien, Gesteine oder Versteinerungen. Dies erforderte viel Geduld und vor allen Dingen viel Zeit. Aber die meiste Zeit verbrachte ich nicht mit dem Sammeln der Steine, sondern mit ihrem Betrachten. Im Laufe der Zeit bekamen manche Steine in meinem »Herzen« einen besonderen Platz. Sie gefielen mir in ganz besonderer Weise. Sie wurden so etwas wie »meine« Steine. Dazu gehören auch die in diesem Buch vorgestellten. Einmal ist es ihre besondere Kristallform, ihre interessante Entstehungs- und Verwendungsgeschichte, ein andermal ist es ihre ausgeprägte Symbol- und Sinnhaftigkeit, die mich motiviert haben, sie für dieses Buch auszuwählen.

In vielen Gruppen, in denen ich Steinmeditation angeboten habe, erweckten die ausgewählten Steine ebenfalls ein besonderes Interesse. Ich arbeite seit 20 Jahren in der Krisenberatungsstelle einer Telefonseelsorge und habe sehr viele Gespräche mit Menschen geführt, die sich in großer seelischer Not erlebten. In vielen dieser Gespräche haben die vorgestellten Steine eine Rolle gespielt. Da ich in meinem Beratungszimmer schöne Exemplare dieser Steine »ausgestellt« habe, stelle ich immer wieder fest, wie der Anblick dieser schönen Geschöpfe meine Gesprächspartner und Gesprächspartnerinnen ganz spontan angenehm berührt. Häufig läuft der erste Einstieg eines schwierigen Gespräches sehr entspannt »über« Steine. Ich habe den Eindruck, daß viele meiner Gesprächspartner und Gesprächspartnerinnen sich gerne an einem Stein »festhalten«, während sie mit mir sprechen. Nicht selten fragt mich mein Gegenüber, was dies für ein Stein sei, wie ich ihn gefunden habe oder wie »so etwas Schönes« entstehen kann. Wie von selbst erschließt sich dann im Gespräch der besondere Sinngehalt und die Symbolhaftigkeit dieser Steine. Ehepaaren, die sich nur mit großer Anstrengung aus der Rolle herausbringen lassen, immer nur dem anderen die Schuld zuzuschieben, gebe ich häufig einen Kieselstein in die Hand und erzähle, wie so ein Gebilde entsteht. Die Eheleute sind natürlich sehr verblüfft, daß ich ihr »Du-bist-schuld-Spiel« jäh unterbreche und sie »ablenke«. Ich erzähle die Entstehungsgeschichte dieses Steins: wie er von anderen Kieselsteinen geschliffen wird, wie er aber auch selbst die Kiesel neben sich schleift, wie er Opfer und Täter zugleich wird. Nur dieser schlichte Hinweis genügt oft schon, daß die Partner schweigen, nachdenken und häufig einander mit Schmunzeln anschauen. Das

Gespräch gerät wie von selbst auf eine andere, konstruktivere Ebene, so daß jeder der beiden sich nicht nur Gedanken darüber macht, was der andere mit ihm anstellt, sondern auch darüber, warum er es mit sich machen läßt. Neben der Ohnmacht steht dann plötzlich auch die Macht. Meine Meditationstexte bieten eine Fülle solcher Gesprächsanregungen, die im Alltag zu einer echten Lebenshilfe werden können.

Zum Schluß möchte ich Ihnen noch eine kleine Anregung geben. Schenken Sie einmal einem Kind einen schönen Bergkristall oder irgendeinen anderen glitzernden Stein, und beobachten Sie, mit welch spontaner Freude, Aufmerksamkeit und mit welcher Begeisterung das Kind auf den Stein reagiert, wie stolz es den Stein an einen Ort legt, der ihm würdig erscheint. Wenn Sie nach einem Jahr wiederkommen, wird das Kind mit sehr großer Wahrscheinlichkeit noch ein paar andere schöne Steine dazugesammelt haben. Ich wünsche Ihnen, daß durch die Haltung und die Praxis der Steinmeditation ein wenig von dieser noch ursprünglichen und kindlichen Freude, Neugierde, Entdeckerlust und von diesem Respekt vor der Schöpfung geweckt wird oder erhalten bleibt.

Kieselstein

… Opfer und Täter zugleich

*»Um dich, Materie, zu erreichen, müssen wir im Ausgang von einem
universellen Kontakt mit allem, was sich hier unten regt,
nach und nach spüren, wie zwischen unseren Händen
die besonderen Formen von all dem, was wir halten, verschwinden…«*
Teilhard de Chardin

Ich bin ein Kieselstein …

hell und dunkel, flach und rund, eisenhartes Quarzgestein.
Ich stehe im Ruf der Unerbittlichkeit,
ein harter Fels gegen blinde Gewalt
und dennoch ein wehrloser Halm im Wind endloser Wiederkehr,
ein Schneeball in der Wärme ewiger Berührung,
flacher Strand für Wellen grauer Gewohnheit,
Perle aus dem grünen Meer der Wandlung.

Irgendwann und irgendwo abgebrochen vom großen Mutterfelsen,
Abbruch und Aufbruch,
ein kleines Lied im Tanz der vier Winde.
Ich wurde eingetaucht in den Lebensstrom,
ständig umspült und umspielt
von den Wellen weicher Widerstände.
Für den blauen Gletscher war ich nur ein Murmelspiel.
Grenzenlose Auseinandersetzung mit Grenzen,
Stein auf Stein, Stein neben Stein,
schleifen und geschliffen werden,
bei Wind und Wasser
keine Ruhe.

Es ist nicht die blanke Gewalt, die so sehr verändert,
es ist die sanfte Gewohnheit,
die ständige Wiederkehr,
die Wiederholung,
das tägliche Schleifen deiner Worte
an der Seele deiner Kinder,
an der Seele deiner Partner, deiner Partnerinnen.

Mit jeder Welle deiner Kritik
reibst du an ihrer Zuversicht, an ihrer Hoffnung, an ihrer Kraft.
Manche Sätze deiner Eltern klingen dir heute noch im Ohr,
reiben heute noch an deiner Seele.
Wasser bricht Stein,
Worte brechen Menschen.

Ich bin ein Kieselstein …

ein geduldiger Stein, geschliffen von Wasser, Wind und Wellenschlag.
Ein Opferstein.
Ich wurde bearbeitet, werde gefeilt, werde geschunden werden.
Ein langer Weg verlorener Träume,
Abschied ohne Wiederkehr.

Nimm mich in die Hand,
dann kannst auch du deine Trümmer zählen,
aus denen du entstanden bist.
Auch du kannst deine Ecken spüren,
all die vielen Seiten,
du kannst den Raum erfassen, der dich umgab,
als dein Herz noch voller Hoffnung war
und voller Möglichkeiten.
Auch du kannst deine Träume zählen,
die man dir genommen
im Austausch gegen Pflicht und Wirklichkeit.
Der Schleifstein rückt auch deiner Seele näher,
deine Bedeutung verliert an Gewicht,
deine Haut wird dünner,
und es wächst die Zahl der großen Pläne,
die unmerklich
dir aus den Händen gleiten.

Ich bin ein Kieselstein, ein glatter Stein,
ein Handschmeichler,
ich passe mich an,
ein glatter Aal,
ein Stein im Windkanal.

Ich bin ein Kieselstein …

ein harter Stein, ich schleife die Steine neben mir.
Ich bin ein Schleifstein.
Ich verändere, verletze und ich schlage.
Ich forme und ich präge.
Ich bin ein schlafloser Widerstand,
eine rastlose Ungeduld.

Nimm mich in die Hand, und du ahnst, wie fest ich bin,
wie unerbittlich,
und doch so angenehm in deiner Hand.
Eine Flußperle, ein Edelstein.
Was ich bedingungslos erlitten,
was mir Gestalt und Seele gab,
das gab ich weiter an den Kiesel neben mir.
Ich bin Ohnmacht und Macht,
Opfer und Täter zugleich.

Zwar wachsen immer neue Wunden,
dort, wo mein Meißel trifft.
Doch verhindere ich den Stillstand,
ich fördere Reife und Entwicklung.

Ich weiche keinem aus,
gehe auf jeden ein,
lasse nichts durchgehen,
biete meine Stirn,
niemand kommt an mir vorbei,
wenn es weitergehen muß.
Ich bin der Stein der Auseinandersetzung,
der Stein der Vollendung.
Mein Druck macht Eindruck.
Ich bin der Stein des Anstoßes.

Dennoch bin ich ein unfertiger Stein,
werde immer kleiner, weniger, immer runder.
Bald bin ich ein Sandkorn,
ihr findet mich wieder im Sandsturm,
im Sandsteingebirge,
ich bin ein Wanderstein.

Anregungen zum *Kieselstein*

Es wäre hilfreich, den Kieselstein während der gesamten Meditation in der Hand zu halten, seine Härte und die sich ständig ändernde Temperatur zu spüren, die Oberfläche abzutasten und durch Drehen und Reiben in der Faust den Schleifprozeß gewissermaßen leibhaftig nachzuvollziehen.

Der Kieselstein hat seine Form nicht durch brutale Kräfte erhalten. Eher sanfte, aber ständig und stetig wirksame und sich wiederholende Bewegungen und Ereignisse formen ihn. Sie können an Ihrem eigenen Leben entlanggehen und die vielen kleinen, eher unspektakulären, alltäglichen Ereignisse und Gewohnheiten sammeln, die Sie formen und prägen.

Der Kieselstein hat im Laufe des Schleifvorgangs vieles von seiner ursprünglichen Gestalt eingebüßt, er wurde verwandelt und wird weiter verwandelt. Auch in Ihrem Leben entdecken Sie immer wieder, wie auch Sie zum Opfer gemacht werden, wie viele Seiten Ihres Wesens, Ihrer Art durch die Umwelt »abgeschliffen« werden.

Der Kieselstein ist ein sehr harter Stein, ein Schleifstein für den Kiesel neben sich. Sie fühlen sich nicht nur als Opfer, sondern sind in fast allen Situationen auch immer wieder Täter. Die Umwelt macht nicht nur mit Ihnen etwas, sondern Sie machen auch etwas mit Ihrer Umwelt oder lassen etwas mit sich machen.

Der Kieselstein ist ein glatter Stein. Sie haben sich mit vielem abgefunden, sind glatt, aalglatt geworden, fühlen sich oft abgegriffen, haben kaum noch Widerstand.

Lesen Sie einmal in der Bibel die Geschichte vom kleinen David und dem gewaltigen Riesen Goliath. Ein kleiner Kieselstein spielt hier real und symbolhaft eine wichtige Rolle. Vielleicht ist es ein Gleichnis für denjenigen, der an einer scheinbar aussichtslosen Aufgabe verzweifeln möchte. Die Geschichte steht im 1. Buch Samuel, 17. Kapitel.

Sie können einen Spaziergang am Meer oder am Fluß entlang machen und sich »Ihren Kieselstein« suchen, der maßgerecht in Ihrer Faust liegt. Sie können ihn später öfters in die Hand nehmen und sich dabei entspannen. In dieser spielerischen Bewegung »spielt« sich gleichnishaft Ihr ganzer Lebenslauf ab: Bewegung, Veränderung, Anpassung, Widerstand und Entwicklung.

Blutstein
… das eiserne Herz

»Gesegnet seist du, gefahrvolle Materie,
gewalttätiges Meer, unzähmbare Leidenschaft,
du, der du uns verschlingst, wenn wir dich nicht anketten.«
Teilhard de Chardin

Ich bin ein Blutstein ...

schwerblütig ist meine Art,
rostbraun meine Haut,
hart sind meine Entschlüsse,
unverkennbar meine Handschrift:
eine Rötelzeichnung wie ein Blutbild.
Ich bin das Eisenerz,
man nennt mich »Rot-Eisen-Stein«,
»Hämatit«,
das heißt »Blut-Stein«.

Bevor ich zu blauem Stahl geschmolzen werde,
möchte ich zu dir sprechen,
denn das eiserne Herz in mir
schwimmt im Blut,
im schwarzen Blut der Wehmut,
die mich überfällt,
wenn ich daran denken muß,
wer ich bin.
Ein gewaltiger Riß spaltet meine Ziele.
Ich war und ich bin und ich werde sein
ein Stein mit zwei feindlichen Herzkammern,
Brutstätte ewiger Widersprüche.
Die eine Herzkammer ermöglicht das Leben,
die andere löscht es aus,
die eine gibt,
die andere nimmt.

Als roter Farbstoff in deinem Blut
binde ich den Sauerstoff,
den Lebensstoff,

den Odem,
aber zur Waffe geschmiedet
lasse ich dein Leben ausbluten.
Ich bin dein Anfang
und dein Ende.

Ich bin ein Blutstein …

meine äußere Gestalt und Form sind so schillernd
wie der metallene Glanz in meinen Augen,
meine Erscheinung ist so bizarr
wie die Eisenblüte,
die ich manchmal treibe.
Du findest mich wieder in der Pflugschar,
im Spaten und der Sichel,
im Hunnensäbel, im Keltenschwert,
in der Römerlanze,
ich bin der Nagel der Kreuzigung
und das Skalpell der Ärzte.
Ich bin überall,
ob in der eisernen Lunge,
im eisernen Vorhang
oder in deinen eisernen Grundsätzen.
Einmal bin ich die Nagelprobe,
ein andermal lasse ich über die Klinge springen,
spiele die Rolle des Drahtziehers,
lasse ins offene Messer rennen
oder stelle die Dinge auf des Messers Schneide.
Ich bin Hammer und Amboß zugleich.
Meine Seele ist aus Stahl,
und meine Gedanken sind messerscharf.
Ich besitze stählerne Nerven,
und meine stahlblauen Augen senden kalte Blicke,

die alles zerschneiden können.
Ich lebe im Kugelhagel
und lasse mich oft bewundern
im eisernen Kreuz der Getäuschten.
Ich bin die Kandare der Verschüchterten.
Selbst im Verrosten und Verrotten
bin ich noch in der Lage,
neue Pläne zu schmieden.

Als Blutstein bin ich mitten in eurem Herzen ein Herzstein.
In den Blutströmen bewegt sich meine Seele wie ein Wind.
Federleicht setze ich die Atmung auf den Weg,
und die roten Blutkörperchen tragen pausenlos den Lebensstoff
bis an die Schwelle des Todes.
Die Schlagader wird zur Eisenader.
Die Blutarmut geht mit der Eisenarmut
Hand in Hand.

Ich bin ein Blutstein …

als Grundstoff des Lebens bin ich dennoch
der Stoff, der niederreißt,
der Stoff des Grauens,
der Stoff der Bomben und Raketen.
Aus meinem Mark kannst du die großen Pläne schmieden,
wenn alle Waffen eingeschmolzen sind.
Schmiede mich um zu Ketten,
und ich halte deine Maßlosigkeit in Schach.
Ich lähme deine Bosheit
und lege deine Dummheit in Eisen.
Schmiede mich um zu Nägeln,
und hämmere mich ein in den Schwarm deiner Worte,
wenn du vom Frieden redest,

damit der Wind sie nicht zerstreut.
Hämmere mich ein in deine Worte,
wenn du von Gerechtigkeit sprichst,
damit sie nicht in die Ablage kommen.
Mach aus meinem Herzen
Nägel mit Köpfen.

Schmiede mich um zu Pflug und Spaten,
und ich grabe deinen Vorurteilen das Wasser ab.
Ich lasse aus euren Wüsten Wälder wachsen
und mache aus eurer Trostlosigkeit
einen Garten der Sättigung.

Ich bin das heiße Eisen
unter den Steinen.
Solange ich warm bin,
schmiedet mich um zum Werkzeug eurer Hoffnung,
behaltet mich im Blut,
als Waffe tötet mich,
denn ich bin für euch das Leben,
ein Leben in Fülle.

Anregungen zum Blutstein

Für die Meditation sind zwei Aspekte von Bedeutung: Hämatit oder Blutstein ist auf der einen Seite als Blutfarbstoff lebensaufbauend, aber auf der anderen Seite kann er, wenn er zu Stahl umgeschmolzen ist, Leben auslöschen, wenn aus seinem Material die furchtbaren Waffen geschmiedet werden. Der Blutstein ist ein Konfliktstein.

Der Blutstein ist ein Eisenerz. Eisen symbolisiert die »Härte«. Sie können in der Meditation über diesen Begriff nachdenken, wo er in Ihrem Leben auftaucht.

Der Blutstein bindet in Ihrem Blut den Sauerstoff. Er ermöglicht Ihnen das Leben. Sie denken darüber nach, was Ihnen »Leben« ermöglicht, was für Sie Leben bedeutet und wie Sie es schützen können.

Den beiden sich widersprechenden Möglichkeiten des Blutsteins, Leben zu ermöglichen und Leben zu zerstören, gilt es in Ihrem eigenen Leben nachzuspüren. Es könnte von großem Nutzen sein, wenn Sie für sich selbst einmal eine Liste erstellen, auf der Sie notieren, in welchen Situationen das eigene Verhalten mit dazu beiträgt, Leben zu ermöglichen, zu erhalten, zu verlängern und zu schützen oder Leben zu behindern, zu verhindern und zu zerstören: das Leben von Pflanzen, Tieren, Menschen, das Leben in Ihren Partnerschaften, in Ihrem sozialen und religiösen Bereich. Vielleicht gibt dann die Bilanz dieser Liste eine Auskunft darüber, auf welcher Seite des Blutsteins Sie im Moment stehen.

Um die Aussage des Blutsteins ganz konkret und praktisch zu würdigen, könnten Sie eine Anregung aufgreifen, die Ihnen im Moment vielleicht etwas banal oder etwas zu gewollt erscheinen mag. Aber es gibt keine Möglichkeit, den Blutstein wirkungsvoller zu würdigen. Ich meine die Möglichkeit, für andere Menschen wieder einmal zum Blutspenden zu gehen. Vielleicht wird eine solche Blutspende auch einmal Ihr Leben retten. Wer verliert, kann gewinnen – die Botschaft des Blutsteins.

Katzengold
… den Augen eine Falle

»In dem Glauben, deinem unwiderstehlichen Ruf zu gehorchen,
stürzen sich die Menschen häufig aus Liebe zu dir
in den äußeren Abgrund egoistischen Genießens.
Ein Widerschein täuscht sie, oder ein Echo, das sehe ich jetzt.«
Teilhard de Chardin

Ich bin das Katzengold ...

Nie werde ich den Tag vergessen, als meine Blicke dich riefen.
Schon lange bevor du mich sahst, weckte ich dein Verlangen.
Du machtest dich auf den Weg, zur Fundstätte deines Glücks.
Güldenes Mineral.
Mein Name ist »Pyrit« – Stein aus dem Feuer,
atemlose Schönheit – im Feuer geläutert.

Pyrit,
die Hitze meines Namens brennt tief in dir.
Wie ein Fieber.
Mein goldenes Schimmern und Glänzen
gräbt deine Kindheit um,
und tausend Träume steigen in dir auf:
Schatzsuche und Zauberstab – Märchenfee und Königreich.

Über die goldgelben Kristallwürfel
huscht das Glücksspiel,
und Freude springt umher.
Auf den Flächen geht die Sonne auf,
spiegeln sich die Sterne,
sprühen Wunderkerzen,
eine festliche Stimmung,
Böllerschüsse und Feuerwerk,
Überraschung im Goldpapier,
der metallene Glanz in deinen Augen
erzählt von Reichtum und Bedeutung.

Ich bin das Katzengold ...

Der Volksmund, der es wissen muß,
nennt mich das »Katzengold«,
wie die Katze treibe ich oft mein Spiel –
Stein mit den Katzenaugen,
ein Stein, auf den man fliegt.
Liebe auf den ersten Blick.
Tausende hielten mich für reines Gold
und nannten mich den »Inkastein«,
»Aztekenschatz« und »Pharaonengold«.
Jedoch die Täuschung tut sehr weh,
Stunde der Ent-täuschung,
und die Goldgräberstadt lacht heute noch,
bespottet noch immer
das Narrengold.

Unter meiner goldenen Haut, unter meinem festlichen Kleid,
unter dem Augenschein taucht mein wahres Wesen auf.
Ich bin das Schwefel-Erz,
unter meiner Oberfläche ruht der Alltag,
die Ernüchterung,
und aus dem Gedächtnis steigt das Urteil einer alten Ballade:
»Tand, Tand
ist das Gebilde von Menschenhand«.

Katzengold,
wie einfach und wie schnell
stellst du den Augen eine Falle.
Nimm doch die Maske ab,
damit die Goldwäsche keine Katzenwäsche
und das Katzengold nicht zum Katzenjammer wird.
Es ist nicht alles Gold, was glänzt,
und eine goldene Nase holt sich der,
der diesen Satz befolgt.

Ich bin das Katzengold …

Stein der Wahrnehmung.
Meine Lehre ist echtes Gold wert:
Laß deine Augen nicht die Herrschaft übernehmen,
wenn du nur noch glauben willst, was du sehen kannst.
Ich verhindere, daß du dich einnistest in der trügerischen Sicherheit.
Ich bin der Kristall der Überraschung,
ein Stolperstein.

Der Lichtstrahl deiner Augen überfliegt die Welt
und tastet sie ab, an der Oberfläche entlang,
denn die Tiefe bleibt ihnen verwehrt.
Was zurückbleibt ist die Welt von oben,
Oberflächliches,
der Augenschein,
Überblick und ein Augenblick.
Laß deine Augen wieder auf deine Ohren hören
und das Licht mit dem Herzen teilen,
dann verwandelt sich die Ansicht in die Einsicht,
und die Weltanschauung wird zur Erleuchtung.

Katzengold,
argloses Metall, das allen gehört,
du bist das Gold der Kinder,
der Schatz der Besitzlosen,
das Gold, mit dem man spielen kann,
das Gold ohne Neid und Gier.
Du bist das Gold, das schlafen läßt
ohne Tresor und ohne Schloß.

Katzengold,
du läßt dem Kleinen seine Größe,
bringst dem Einfachen wieder seine Fülle,
du läßt der Armut ihren Stolz.
Du gibst der Zufriedenheit ihren Reiz zurück.
Schon die Bemühung vergoldest du
und zahlst dem Verzicht
wieder einen guten Preis.

Anregungen zum Katzengold

Die verblüffende Ähnlichkeit des Pyrits (Katzengolds) mit Gold ist für jeden unvoreingenommenen Betrachter faszinierend. Gold, sein geheimnisvolles Leuchten und Glitzern, vermag eine große Menge an Gefühlen, Stimmungen und Erinnerungen in uns auszulösen, denen ich in der Meditation nachgehen kann. Bei näherer Prüfung stellt sich heraus, daß Pyrit mit Gold nichts zu tun hat. Es handelt sich um Schwefelerz. »Gold« wird zum »Narrengold«. Sie machen sich bewußt, daß Ihre Wahrnehmung oft dem ersten Augenschein erliegt. Ihren Augen wird oft eine Falle gestellt. Lichtstrahlen tasten die Oberfläche der Welt ab. Was sehen Sie? Oberflächliches?

Daß aus »Gold« schnell »Katzengold« werden kann, zeigt die Relativität und Begrenztheit unseres Sehvermögens. Heutige Erkenntnistheorien weisen mit immer neuen kritischen Beobachtungen darauf hin, wie bruchstückhaft, realitätsverfälschend und einengend unsere Augen die »reale« Welt wahrnehmen. Unsere »Augenerkenntnisse« sind bruchstückhafter, als wir gemeinhin annehmen. Auch dies könnte eine Botschaft des »Narrengoldes« sein.

Und dennoch – auch dies lehrt uns das Katzengold mit seiner wahrhaft faszinierenden Schönheit –, dennoch sollten Sie sich Ihrer Augen und ihrer wunderbaren Fähigkeit erfreuen. Einer der schönsten Texte zu dieser »Einsicht« ist das folgende Gedicht von Gottfried Keller:

> »Augen, meine lieben Fensterlein,
> Gebt mir schon lange holden Schein.
> Lasset freundlich Bild um Bild herein:
> Einmal werdet ihr verdunkelt sein!
>
> Fallen einst die müden Lider zu,
> Löscht ihr aus, dann hat die Seele Ruh;
> Tastend streift sie ab die Wanderschuh,
> Legt sich auch in ihre finstre Truh.

Noch zwei Fünklein sieht sie glimmend stehn,
Wie zwei Sternlein, innerlich zu sehn,
Bis sie schwanken und dann auch vergehn,
Wie von eines Falters Flügelwehn.

Doch noch wandl ich auf dem Abendfeld,
Nur dem sinkenden Gestirn gesellt;
Trinkt, o Augen, was die Wimper hält,
Vom goldnen Überfluß der Welt!«

Marmor
… Steinbrot, aus tausend Schmerzen gebacken

*»Wer im Dunkeln geht, weiß nicht,
wohin sein Weg führt.«*
Johannes 12,35

Ich bin der Marmor ...

im weißen Schneckenhauspalast bin ich der Herrscher,
der König über viele Steine.
Ich bin der Stein der Götter,
Stein der Kaiser,
Stein der Helden,
Stein der Toten.
Auf den alten Marmorsäulen
nistet grau die Vergangenheit,
Marmortrümmer atmen weit in den Alabasterraum
den Sieg über den Tod.

Ich bin ein Umwandlungsgestein,
aus Muschelgebein
wurde Urgestein.
Vorgestern war ich noch ein weißer Rest,
Wind und Wasser fügten mich zusammen
aus den Trümmern alter Strände.
Überbleibsel.
Kalkschwemme,
Kalkdünen,
Korallenstaub und Muschelmehl.
Im mürben Gebeinehaus
atmete noch das Leben alter Meere.
Schicht über Schicht wuchs die steinerne Last
nach unten.
Ich geriet unter Druck,
wie ein Keltertreter wirkte die Wandlung.
Von oben drückte die Last,
von unten kam die Angst,
und in der Mitte sammelten sich die Tränen.

Es war die Geburtsstunde eines neuen Steins.
Aus dem losen Kreidestaub wurde
in der Druckkammer schwerer Zeiten
ein Edelstein,
ein gekrönter Stein –
der Marmor.

Ich bin der Marmor …

meine Kühle ist wie Balsam.
Du kannst dich an mich schmiegen,
Haut an Haut,
wenn deine Zuversicht verbrennt,
wenn deine Geduld verdorrt,
wenn deine Schultern sich verformen,
wenn deine Klage ihre Stimme verliert,
wenn deine Hoffnung nicht mehr durchatmen kann
und deine Lunge an den Tränen zu ersticken droht,
die sie nicht mehr weinen kann.
Mein weißer Stein erinnert dich daran,
daß er viel verloren hat,
um viel zu gewinnen.

Aus Staub entstand
Gestein,
aus Resten ein Ganzes,
aus der Unverbindlichkeit die Härte,
aus Scham der Stolz.

Sicher möchtest du mit deiner Stirn
meine Härte aufnehmen,
möchtest die Unnachgiebigkeit aus meinen Poren ziehen,
möchtest deinen Wankelmut,

deine Unentschlossenheit und Angst abstreifen
und in meiner Ruhe verweilen,
wenn alle
und alles um dich herum
dich mürbe machen.
Finde in mir die Kraft,
ein Fels zu sein.

Ich bin der Marmor …

ein gequälter Stein,
ein stummer Stein,
unter der Last der Jahre gehärtet.
Das Leid und die Ausweglosigkeit meiner Situation
erschufen in mir einen Himmel aus Kristall,
er trägt das neue Herz.
In meine weiße Haut verwoben ist,
schwarz geädert,
die Jahreslast,
und der Meißel der Bildhauer
blickt tief in meine weiße Seele.

Aus meinem Stein
kannst du ein Denkmal bauen für alle Menschen,
die ausharren müssen,
um der Ankunft willen.
Ich bin das Steinbrot,
aus tausend Schmerzen gebacken,
in tausend Augenblicken
das Wetterleuchten des Zusammenbruchs.

An den Grenzen des Aufnehmenkönnens,
dort, wo es keine Möglichkeit mehr gibt,
auszuweichen,
zu fliehen,
fand ich den Weg ins Leben.

Mein Ziel
war der Weg der tausend Schritte,
meine Hoffnung ein Gebilde aus tausend Hoffnungen,
meine Angst genährt von tausend Ängsten,
meine Zukunft eine Kette aus tausend Augenblicken,
Aus Trümmern wurde ein Ganzes,
aus der Notlage kam die Kraft,
aus der Armut wuchs der Stolz,
aus den Abschieden kam die Ankunft.

Anregungen zum Marmor

Würde man die Gesteine nach ihrem Wert in eine Reihenfolge bringen, so würde der Marmor sicherlich auf dem ersten Rang liegen, er wird auch der »König unter den Steinen« genannt. Aus seinem Stoff entstanden in besonderer Weise Standbilder von Göttern, Königen und Kaisern. Viele der berühmtesten Baudenkmäler und Statuen der Welt bestehen aus Marmor. Die ältesten und schönsten Tempel sind aus diesem Gestein gebaut. Wir denken an solche bekannten Baudenkmäler wie den Mailänder Dom, die drittgrößte Kathedrale Europas. Er ist ganz aus rotschimmerndem Marmor erbaut. Der saure Regen hat ihn allerdings etwas grau und stumpf gemacht. Berühmt ist auch das aus reinem, weißem Marmor erbaute Grabmal Taj Mahal im indischen Agra. Dieser Stein atmet schon etwas Besonderes, Vornehmes und Edles. Er hat etwas Kühles, Unnahbares, Geheimnisvolles, wenn wir nur an die berühmte Statue der Venus von Milo denken. Er hat auch von seiner Entstehungsgeschichte her etwas Besonderes. Marmor ist ein Umwandlungsgestein. Gewaltige Prozesse von Druck und Hitze im Erdinnern haben aus lockerem Kalkgestein, den Überresten von Meerestieren, in Jahrmillionen eine Verwandlung vorgenommen. Aus »wertlosem« Kalk- und Kreidestaub entstand der wertvolle, harte Marmor. Eine faszinierende Entwicklung.

Die Natur läßt nichts verlorengehen. Alles, auch die wertlosen Überreste von Muschelschalen, verwendet sie, um aus ihrem Staub gewissermaßen ein neues »Steinbrot« zu backen. Selbst aus tausend Fehlern, scheinbar wertlosen Bemühungen, unnützen, unbrauchbaren Anstrengungen können in Ihrem Leben Erfolg und Glück entstehen. Der Weg dahin kann sehr schmerzhaft sein, es kann zu bedrückenden Situationen und Leid kommen. In diesem Prozeß können Menschen zerbrechen. Ihr Herz kann aber auch umgewandelt werden, wenn es eine große Krise durchgestanden, wenn es sich der Krise gestellt hat.

Sie werden natürlich die Meditation mit diesem kostbaren Stein vertiefen können, wenn Sie lebendigen Kontakt mit diesem Material aufgenommen haben. Jede Firma, die Grabmale herstellt, wird Ihnen sicherlich kostenlos kleinere, rohe oder auch schon anpolierte Bruchstücke dieses Steins überlassen. Der Besuch eines Bildhauers, der Marmor bearbeitet, wird das Erlebnis mit diesem Gestein natürlich noch intensivieren. Sie müssen gerade diesen Stein einmal selbst anfassen, die wie Zucker schimmernde kristalline

Grundstruktur betrachten, die häufig mit Fremdmineralien wie mit einem »marmorierten« Adernetz durchwoben wird. Besonders die Kunstwerke, bei denen man den Wechsel zwischen den naturbelassenen rauhen und den polierten Seiten betrachten und spüren kann, verstärkt dieses Erlebnis. Es gibt wohl kaum eine Stadt, kaum ein Museum, wo Sie keinen kostbaren Marmorfußboden, kein Standbild oder keine Statue finden, die nicht aus diesem Stein geschaffen wurde.

Druse
... im toten Winkel der Seele

»So sind wohl manche Sachen,
die wir getrost belachen,
weil unsere Augen sie nicht sehen.«
Matthias Claudius

Ich bin eine Druse ...

lange hast du mich gesucht und plötzlich gefunden.
Ich bin eine Zauberkugel,
ein Stein der Überraschung.
Gestern noch verborgener Schatz im Acker,
glitzerndes Schweigen über Jahrmillionen,
heute ein aufgebrochenes Geheimnis,
Lichtermelodie, Brillantenstrauß.
Sekunden träumen atemlos an dir vorbei.

Wie kostbar, wie verletzbar muß ich sein,
wenn ich mich verstecke hinter dem Augenschein,
der vor Fragen schützt.
Ich bin eine Druse, ein Name für zwei Welten:
eine Außenwelt und eine Innenwelt,
zwei Hälften einer unteilbaren Einheit.

Du hältst den rauhen, gewölbten Teil in der linken Hand,
erdfarben, unscheinbarer Berg.
Deine Augen besteigen die sanfte Kuppel,
gleiten wieder hinab und ermüden.
Alltäglichkeit.

Du hältst den glitzernden, gehöhlten Teil in der rechten Hand,
kristallbesetzt, glitzernder See
Deine Augen fallen in die Tiefe,
sind wie gebannt und fragen.
Begeisterung.

Ich bin beides:
ein unscheinbarer Planet,

ein funkelnder Sternenhimmel.
Beides schaut dich an,
durchdringt deinen Blick und ruft in Erinnerung,
was ins Vergessen zu sinken droht,
was sich verliert im toten Winkel deiner Seele.
Du hast zwei Augen: so und so gesehen.
Du hast zwei Ohren: hören, was die andere Seite sagt.
Du hast zwei Hände: festhalten und loslassen.
Du hast zwei Beine: Standbein und Spielbein.

Ich bin eine Druse …

was deine Augen nur schwer erreichen,
ich bin es: Zusammenschau
von Augenschein und Wirklichkeit.
Was deine Ohren hören wollen,
ich bin es: Einklang
von Eindruck und Wahrheit.
Was dein Herz und dein Verstand vermissen,
ich bin es: Einheit
von Glauben und Wissen.

Ich bin ein doppelgesichtiger Stein,
ein Januskopf,
schillerndes Orakel,
eine Kugel voller Licht und Schatten.
Ich bin die versteinerte Wahrheit für alle Menschen,
die auf einem Auge blind,
auf einem Ohr taub geworden sind.
Ich bin eine kristalline Erinnerung für alle Menschen,
deren Gefühle zu erstarren
und deren Verstand sich aufzulösen droht.
Ich bin das steinerne Gewissen für alle Menschen,

die sich nur noch vom ersten Eindruck ernähren,
die alles nur noch vom Kostenpunkt aus sehen,
die sich immer auf die falsche Seite stellen.
Gefeit gegen jede Überraschung
ertrinken sie in der Übermacht ihrer Argumente.

Nähmest du mich öfter in die Hand,
könntest du wieder daran glauben,
daß die letzten die ersten sind,
daß der Himmel auf der Erde ist
und daß es immer die kleinen Schritte sind,
die zu großen Zielen führen.

Ich bin eine Druse …

Steinfrucht der Erde,
Nahrung für den,
der noch suchen kann.
Geheimnisvolle Kugel,
gewölbt und gespannt um zwei Welten.
Ich schließe ein, was ihr Menschen ausschließt.
Ich verbinde, was ihr trennt.
Ich sammle und bewahre,
was euch durch die Herzen rinnt.

Nimm mich wieder in deine Hand,
in jede Hand einen Teil von mir.
Füg mich wieder zusammen,
Schale auf Schale,
wie zwei Lippen eines Mundes,
der Versöhnung bringt.

Dann werden deine Tage wieder erfüllt sein
mit Liedern einer neuen Geburt.
Dann wird der Glaube mit dem Zweifel sprechen,
die Antwort sucht nach der Frage,
Arm in Arm gehen Herz und Verstand,
Glück und Leid weinen und lachen miteinander,
Leben und Tod tauschen den Freundschaftsring,
und die Sprache erlernt wieder das Schweigen.

Und während Gott
zum letztenmal ein Mensch wird,
findet der Mensch
zum erstenmal seinen Gott.

Anregungen zur Druse

Für die Meditation empfiehlt es sich, in der einen Hand die geschlossene und in der anderen Hand die geöffnete Drusenhälfte zu halten. Die unscheinbare Außenwelt der Druse läßt kaum auf ihre kostbare Innenseite schließen. Es sind oft die kleinen Dinge, die für Ihr Leben eine große Bedeutung gewinnen. Oft hat das »Sinnlose« in Ihrem Leben einen letzten, tragenden Sinn. Manchmal sind es gerade die kleinen Schritte, die zum Erfolg führen.

Auf den ersten Blick, vom äußeren Anschein her, wirkt die Druse auf mich ernüchternd. Sie müssen sie öffnen, um ihren Schatz zu entdecken. Wie häufig fühlen Sie sich von Menschen in Ihrem Wert mißverstanden, oder Sie mißdeuten den Wert anderer Menschen, wenn nur »der erste Eindruck«, der Augenschein zählt.

Zur Wirklichkeit der Druse gehören immer beide Hälften, die äußere und die innere Seite. Nur beides macht den Reiz einer Druse aus. Es gibt kein Licht ohne den Schatten, es gibt kein Oben ohne ein Unten, keinen Glauben ohne einen Zweifel, es gibt kein Leben ohne Sterben.

Die Druse mit ihrer stumpfen und glitzernden Seite ist ein Stein, der wohl wie kaum ein anderer in der Lage ist, die Einheit vieler Erlebnisse spüren zu lassen, die wir oft nur als Gegensätze empfinden können. Sie können dazu einen Text aus dem Alten Testament lesen, aus dem Buch Kohelet, 3. Kapitel, die Verse 1 bis 9. Halten Sie dabei in jeder Hand eine Drusenhälfte, die Sie dann immer wieder zusammenfügen. Dies könnte für Sie ein Erlebnis der Versöhnung werden.

»Alles, was auf der Erde geschieht,
hat seine von Gott bestimmte Zeit:
geboren werden und sterben,
einpflanzen und ausreißen,
töten und Leben retten,
niederreißen und aufbauen,
weinen und lachen,
wehklagen und tanzen,
Steine werfen und Steine aufsammeln,

sich umarmen und sich aus der Umarmung lösen,
finden und verlieren,
aufbewahren und wegwerfen,
zerreißen und zusammennähen,
schweigen und reden.
Das Lieben hat seine Zeit und auch das Hassen,
der Krieg und der Frieden.«

Bergkristall
… ein Tanz von Licht und Schatten

»Ich grüße dich,
harmonische Quelle der Seelen,
klarer Kristall,
aus dem das neue Jerusalem gewonnen wird.«
Teilhard de Chardin

Ich bin ein Bergkristall ...

*bei meinem Anblick verlieren sich deine Augen
in meiner gläsernen Kühle.
Scheinbar erstarrt und erfroren bleibt die Gegenwart stehen
wie in einem Spiegelsee.
Im Morgenlicht tauchen deine Erinnerungen auf,
vereiste Träume der Vergangenheit,
zart wie ein Hauch am kalten Glas,
zerbrechlich wie glitzernder Reif:
der erste Schnee wie Engelshaar,
so leicht wie deine ersten Jahre.
Blaue Eiszapfen, von der Sonne geschliffen,
die erste Schlittenfahrt, eine Reise in die weiße Atemlosigkeit.
Die dünne knisternde Eisdecke über der kindlichen Neugierde.
Das Spiel mit den Glasperlen,
Blicke in die Bleikristallschale,
die die Zeit verschluckt.*

*In meinem Herzen brennt nicht das Feuer des Diamanten.
Wie das Mondlicht in wolkenloser Nacht zieht
das reine Licht
durch mich hindurch,
selbstlos.*

*Meine Kühle und meine Klarheit
kannst du an deine Schläfen pressen
in dunklen Stunden.
Mein ruhiges und mein angenehmes Licht
malt lebende Eisblumen
auf deine Angst.*

Ich bin ein Bergkristall …

*Ein Tanz von Licht und Schatten zeichnet im Wechselspiel
zarte Kompositionen aus Formen und Flächen, Winkeln und Kanten.
Kristalline Symphonie geometrischer Fingerübungen:
Die Säule, Stamm eines Lichtbaumes.
Die Pyramide, ein gläserner Pharaonensarg.
Das Dreieck, eine Schlußfolgerung.
Das Viereck, das Rechteck, das Quadrat,
sich festlegen und beharren.
Das Sechseck, ein Schwebezustand im Kreis,
Bienenwabe, lichtgefüllt.
Die Kanten, eine Gratwanderung zwischen Trennen und Verbinden.
Die Winkel, Vorhersagbarkeit und Zuverlässigkeit.*

*An meiner klaren Form
zerreißen die Schleier deiner Schwermut,
deiner Verwirrung,
deiner Verblendung.*

*Auf den matt schimmernden Flächen
schlanker Quarzkörper,
auf den Eisgipfeln ruht die Stille,
die Zeit bleibt stehen.
Es ist die Ruhe der Bergwelt,
der schweigende Kristallhimmel,
das Flüstern gläserner Meere,
wie die Harfe des Windes.*

Ich bin ein Bergkristall …

in meine Ruhe kannst du eintauchen,
um dort die Unruhe deiner Sehnsucht zu finden.
Von meiner Bewegungslosigkeit kannst du dich bewegen lassen.
In meine Stille hinein kannst du tanzen und
singen: Lieder über fremde Welten.

Ich bin Durchblick und Einblick,
Fenster in unsichtbare Welten.
Mein Lichtkörper ist Stoff aus reinem Quarz,
durchsichtig bis auf den Grund der Welt.
Kieselsäure, zu Licht geronnen.
Ein Großteil unserer Erde
ist aus meinem lichten Stoff,
unsichtbar und für die Augen keine Falle.
Unbegrenzter Übergang und Überschreitung,
Durchgang,
tritt nicht in Erscheinung
und ist doch harte Wirklichkeit
und hält die Welt zusammen.
Was die Sinne begreifen und ins Auge springt,
ist nur der Schnee auf dem Gebirge,
Schaufenster dunkler Rätsel.

Du kannst Mauern und Wände durchdringen,
wenn sie dich daran hindern,
ein Fenster zu bauen,
um einen Blick über deine Grenzen zu werfen.
Ich lehre dich,
die Kräfte wahrzunehmen,
die du noch nicht begreifen kannst.
Ich bewahre dich davor,
jenen schwarzen Vogel nachzuahmen,

der im blinden Flug
am Fensterglas zerschellt,
der verblutet an der Unsichtbarkeit.

Vielleicht,
vielleicht bin ich doch der
»Stein der Weisen«.

Anregungen zum Bergkristall

Der Bergkristall wird für Ihre Augen erst sichtbar durch das geheimnisvolle Zusammenspiel von Licht und Schatten. Der Stein ist ansonsten unsichtbar. So wie Licht und Schatten im Zusammenspiel Flächen, Kanten und Seiten entstehen lassen, so können auch Sie nur im Zusammenspiel von Stärken und Schwächen gesehen und gewürdigt werden.

Der Bergkristall wirkt wie ein Eiszapfen, kühl, von der Sonne geschliffen. Er löst mit seinen hellen Kristallflächen in Ihnen eine Unzahl an Stimmungen aus, die mit Kühle, mit Glitzern und Helligkeit in Verbindung stehen.

Es gibt Milliarden Bergkristalle auf der Welt, alle entsprechen in ihrer äußeren Form nicht immer ihrer idealen sechsseitigen Kristallform mit der pyramidenhaften Spitze, doch sind die Winkel zwischen den Flächen immer gleich. Der Bergkristall wird so zum Symbol für Klarheit und Zuverlässigkeit.

Vielleicht kann es auch für Sie einmal zu einem schönen Brauch werden, unter den Weihnachtsbaum statt einer Krippe einen schönen Bergkristall zu legen, der von einer Kerze angestrahlt wird. Der Bergkristall verkörpert so vieles, was Sie mit der Weihnachtszeit verbinden. Der wie ein geschliffener Eiszapfen aussehende Stein ist ein Symbol für den Winter, die Ruhe und Stille der Natur, in die hinein Gott ein Mensch wurde, ein helles und doch sanftes Licht für die Menschen, die sich ein klares Herz bewahrt haben oder sich danach sehnen.

In seiner Novellensammlung, die Adalbert Stifter mit dem Namen: *Bunte Steine* zusammenfaßte (Jede Novelle hat einen Namen aus der Welt der Steine), gibt es eine wunderschöne Geschichte von einem Jungen (Konrad ist sein Name), der sich mit seiner kleinen Schwester auf dem Heimweg in einer bizarren Schnee- und Eislandschaft verirrt und doch auf wundersame Weise gerettet wird. Vielleicht lesen Sie einmal diese Weihnachtsgeschichte und versuchen nachzuempfinden, warum der Dichter diese Novelle »Bergkristall« nannte. Vielleicht können Sie den Grund nicht mit Worten beschreiben. Steine haben ihre eigene Sprache.

Amethyst
… die Dinge sehen, wie sie sind

*»Gesegnet seist du, machtvolle Materie, unwiderstehliche Evolution,
immer neu geborene Wirklichkeit,
du, die du in jedem Augenblick unseren Rahmen sprengst,
uns zwingst, die Wahrheit immer weiter zu verfolgen.«*
Teilhard de Chardin

Ich bin der Amethyst ...

geheimnisvoller Stein,
ultraviolett,
abgebrochen vom Gipfel des Sichtbaren,
Kristallrasen,
getränkt und gesättigt mit dem schweren Blut des Regenbogens.
Im Quarzgarten das Wiegenlied der Glockenblumen,
der Schlaf der Herbstzeitlosen,
der Traum der Veilchen,
auf den Pyramidenspitzen Fliederduft.

Amethyst,
vielleicht war es die Farbe des schweren Landweins,
die die Menschen im alten Griechenland veranlaßte,
den violetten Stein als Amulett zu tragen,
wenn sie ein Weinfest besuchten.
Sie nannten ihn »amethystos«,
»Stein, der nicht betrunken macht«,
»Stein, der nicht berauscht«,
»Stein, der nicht betört«.

Amethyst,
Stein der Wirklichkeit,
Stein der Nüchternheit,
Anker dem Ertrinkenden,
Signal dem Gefährdeten,
einen klaren Kopf zu behalten.
Vorsichtig zu sein,
keine Flucht vor der Wirklichkeit,
die Dinge zu sehen, wie sie sind.

Ich bin der Amethyst …

Ein Stein im Amulett,
ein wachsamer Kristall für alle Menschen,
die sich berauschen an Belanglosigkeiten,
an Maßlosigkeiten und Uferlosigkeiten,
für alle, die sich betrinken mit billigem Trost,
mit hochprozentigen Lügen
und selbstgebrannten Ausreden.

Ein wachsamer Kristall für alle Menschen,
die sich mästen mit Macht und Anmaßung,
mit schlechtem Gewissen und guten Vorsätzen,
für alle, die sich betäuben lassen vom Lärm und von den Zahlen,
von Garantien und Sicherheiten,
von Schein und Ritual.

Ein wachsamer Kristall für alle Menschen,
die die Wahrheit nicht ertragen,
die die Wahrheit verkaufen
oder die Wahrheit gepachtet haben,
für alle, die auf der Flucht sind
vor der Verantwortung, der Entscheidung
und vor sich selbst.

Ich bin der Amethyst …

Die Farbe Violett, eine Harmonie zweier Farben.
Eine Ehe zwischen Rot und Blau.
Stein der Liebe – Stein der Treue.
Die Farbe Violett, ein Gleichgewicht zweier Kräfte,
die einander dienen.
Die Farben Rot und Blau wirken so behutsam aufeinander ein,

daß jede Farbe der anderen den Vortritt läßt,
beide Farben im Vordergrund erscheinen
und doch im Hintergrund bleiben –
Stein der Rücksicht, der Ehrfurcht und Demut.

Die Farbe Violett, sie atmet Besinnung und Umkehr.
Im blauen Kristall die Hoffnung der Gekreuzigten,
im roten Kristall die Liebe der Erlösten.
Im violetten Kristall
das Aufflackern der Osterkerze.
Die Farbe Violett bedeckt die Stille,
sie leuchtet wie das Licht der letzten Tage.
Die Farbe Violett, auf der Straße die Farbe des Friedens,
sie kämpft ohne Blut,
siegt ohne Waffen.
Im violetten Kristall wächst die Hoffnung
wider alle Hoffnungslosigkeiten.

Amethyst,
die Farbe Violett,
vom Lila bis zum roten Blau,
vom ersten Morgenrot bis zum tiefen Herzschlaf
ein Edelstein.
Schmuckstück an den Händen.
Kristalltropfen am goldenen Kelch,
Blut Christi,
Blut, das nicht berauscht,
Blut, das wieder zurückführt
ins Herz aller Dinge.

Anregungen zum Amethysten

Das Wort »Amethyst« kommt aus dem Griechischen und bedeutet: »nicht berauscht«, »nüchtern«, »maßvoll«. Er ist der Stein der Realität und der Wahrheit, der Stein des Maßes. Ihre eigenen Maßlosigkeiten, Ihre Süchte, Abhängigkeiten und Ihre Realitätsflucht könnten Gegenstand der Meditation sein.

Schon in der frühen Kulturgeschichte wurde der Amethyst als Amulettstein gegen Trunkenheit und Sucht getragen. Vielleicht mag die lila- bis dunkelrote Farbe an den schweren Landwein erinnert haben. Einen aus Amethyst gefertigten Schmuckstein bei sich zu tragen wäre auch und gerade heute noch ein wirksames Zeichen und eine Botschaft – im Stein eingeschlossen –, nüchtern zu bleiben, die eigenen Süchte und Abhängigkeiten schonungsloser zu sehen und ernst zu nehmen. Für die Menschen, die ihre Sucht überwunden haben, die »trocken« und »clean« geworden sind, könnte ein solches Schmuckstück ein alltäglicher Hinweis bleiben, auch in Zukunft wachsam zu sein. Ein Stein ist eine »leibhafte« Erinnerung, die täglich durch die Sinne geht.

In der violetten Farbe sind die Farben Rot und Blau eine geheimnisvolle Einheit eingegangen. Beide Farben erscheinen im Vordergrund und bleiben dennoch im Hintergrund, eine neue Farbe entsteht. Der Amethyst wird zum Symbol von Liebe, Rücksicht und zu einem Gleichgewicht zweier Kräfte. Rot, die Farbe der Liebe, Blau die Farbe der Treue. Es gibt keine Liebe ohne Treue, keine Treue ohne Liebe. Der Amethyst ist der Stein der Liebenden.

Die Farbe Violett ist die liturgische Farbe der Fastenzeit und der Adventszeit. Der Amethyst wird zum Symbol für Besinnung, Hoffnung und Friedfertigkeit.

Steinkohle
… unter Tage geraten

»*Die Sonne wurde schwarz wie ein Trauergewand.*«
Offenbarung 6,12

Ich bin eine Steinkohle …

*so leicht liege ich
in deiner Hand.
Spröde und zerbrechlich.
Meine Vergangenheit ist
schwer und unerbittlich.
über dreihundertfünfzig Millionen Jahre
laufen die Zeiger meiner Entwicklung.
Ich bin versunken
in den Fluten mächtiger Meere.
Im Zeitraffer der Evolution,
beinahe über Nacht,
bin ich unter Tage geraten.
Ich bin das dunkle Grab,
die Asche,
das versteinerte Herz verlorener Wälder.
In tiefes Schwarz getaucht ist alles Grün:*

*Schachtelhalm, Siegelbaum und Farn.
In meinen Lagerstätten hängt noch
versteinert
der Nebelschleier alter Regenwälder,
der Duft von Baumharz.
Gespeicherte Sonne,
die Brennkammern randgefüllt mit
Energie,
Wärme und
Kraft.
Gigantische Vorräte,
die Wiege eines neuen Zeitalters.*

Ich bin eine Steinkohle …

*Vielleicht denkst du jetzt an die Menschen,
die dir Wärme, Geborgenheit und Kraft schenken,
ohne Unterlaß,
in Beständigkeit.
Du fragst dich nach dem unergründbaren Vorrat ihrer Liebe und Sorge
für dich.
Vielleicht mußt du dabei auch in große Tiefen gehen,
hinabsteigen
in das Bergwerk ihrer Seele,
um diesen Schatz zu entdecken:
das schwarze Gold der Geborgenheit und Liebe.
Welche Sonnenglut,
welches Urgefühl hat sich in diesen Räumen gesammelt,
um ein Leben lang zu strömen
und die Fackel der Hoffnung am Leben zu halten.
Und dennoch,
der Vorrat an Kohle ist nicht unerschöpflich.
Auch die Liebe im Herzen eines Menschen kann zur Neige gehen,
wenn du sie rücksichtslos ausbeutest, verschwendest und »verheizt«.*

*Meine Förderung ist mit Gefahren verbunden.
In den schwarzen Baum geritzt sind die vielen Namen,
unvergessene Namen,
vergessene Namen.
Gefahren unter Tage, Gefahren in eurer Seele:
dort, wo euer Herz nicht mehr atmen kann,
dort, wo der Sauerstoff der Auseinandersetzung fehlt,
dort, wo Wärme, dort, wo Liebe erstickt in tödlicher Harmonie.
In manch einer Beziehung,
in faulen Kompromissen,
in jedem faulen Frieden
nistet bereits das Grubengas
schlagender Wetter.*

Ich bin eine Steinkohle …

Kohlenstoff,
am Ende meiner schwarzen Entwicklung
habe ich meine Gestalt verändert,
vertauscht.
Unvorstellbar lange Zeit
stand ich unter ungeheuerem Druck.
Nach einer Verdichtung bis an die Grenze der Vorstellbarkeit
habe ich mein schwarzes Kleid abgelegt,
habe das Licht angezogen.
Ich bin reiner Kohlenstoff,
Grundstoff alles Lebenden.
Aus Schwarz wurde Weiß,
aus Staub ein Edelstein.

Kohlenstoff,
meinen Namen habe ich geändert.
Man nennt mich nun Diamant,
Unbezwingbarkeit.
Im Ausharren gehärtet.
Leid und Ausweglosigkeit
schufen ein Kristallgitter ungeahnter Festigkeit.
Aus vielen Schmerzen geformt
im Ofen der Unerbittlichkeit.
Die Geburtsstunde eines neuen Steins.
Aus Dunkelheit wurde Licht.
Die Traurigkeit gebar die Freude.
Aus Verzweiflung wuchs die Hoffnung.
Ein schwarzer Stein verwandelt sich in Licht,
ein schwarzer Tag in Glück.
Aus einem grünen Baum wurde schwarzes Gestein.
Aus schwarzem Gestein
wurde über Nacht
die Königin aller Steine.

Anregungen zur *Steinkohle*

Die Steinkohle ist wohl das überzeugendste Beispiel für den geheimnisvollen Prozeß der »Umwandlung«. Aus einem grünen Baum wird nach einem langen Prozeß im Inneren der Erde unter Druck und Hitze eine Kette neuer Stoffe: Torf, Braunkohle, Steinkohle, Graphit, Diamant. Aus »Grün« wird »unter Tage« »Schwarz«, aus »Schwarz« wird eines Tages das strahlende »Weiß« eines Diamanten – alles Spielarten von Kohlenstoff, dem Grundstoff allen Lebens. Wie kann aus Dunkelheit ein Lichtstrahl geboren werden, wie kann aus Trauer und Leid Hoffnung entstehen? Die Steinkohle spricht hier eine anschauliche Sprache. Sie können diesen Prozeß von Leid und Hoffnung, von dunkel und hell, von Unterdrückung und Befreiung, von Zerstörung und Aufbau, von Tod und Leben, von Krise und Glück, von Untergang und Auferstehung einmal ganz sinnenhaft spüren, wenn Sie während der Meditation einen Zweig, ein Stück Kohle und einen Diamanten in der Hand halten und sich diesen Prozeß bildhaft vorzustellen versuchen.

Steinkohle ist ein beinahe unerschöpfliches Reservoir an gespeicherter Wärme und Energie. Sie hat ein ganzes Zeitalter revolutioniert. Sie wurde zum Symbol von Wachstum und Fortschritt. Und dennoch ist der Vorrat an Kohle nicht unbegrenzt, dieser kostbare fossile Brennstoff wird einmal zu Ende gehen, schneller, als uns dies guttut, wenn wir weiterhin mit unseren Energien so ausbeuterisch umgehen. In der Meditation können Sie sich bewußtmachen, woraus Sie in Ihrem Leben Energie, Wärme und Kraft schöpfen. Beuten Sie diese Kraft rücksichtslos aus, »verheizen« Sie einen Ihrer Mitmenschen?

Das Interesse an diesem Stein, den man auch das »schwarze Gold« nennt, wird natürlich in besonderer Weise gefördert und gefestigt, wenn Sie sich bemühen, den Ort, die Menschen und all die vielen Gefahren, Probleme und Schicksale, ja die ganze Kultur einmal näher kennenzulernen, die mit diesem schwarzen Stein zusammenhängt. Ein Besuch in einem Bergwerk wird unvergeßliche Erinnerungen und Gefühle hinterlassen. Wer im Ruhrgebiet, Saarland oder im Neuwieder Kohlebecken wohnt, wird hier natürlich leichter dazu Gelegenheit finden.

Ammonit
… im Fluchtpunkt meiner Sehnsucht

*»Deine Toten werden leben, die Leichen stehen wieder auf;
wer in der Erde liegt,
wird erwachen und jubilieren.«*
Jesaia 26,19

Ich bin ein Ammonit …

Viele Millionen Jahre
schlief ich den Schlaf der Wandlung
im steinernen Sarg der Erde,
bis mich euer Meißel befreite
aus dem Schraubstock der Zeit,
aus dem Zwang der Stille,
die mein Herz erstarren ließ.
Von einer Schlammwelle zugedeckt,
von allem Vertrauten getrennt,
entging ich damals der Verwesung –
langer Weg in die Versteinerung,
in die Zukunft meiner Vergangenheit.

Ich bin ein Ammonit, ein Fossil,
ein Abdruck der Rettung,
eine Auferstehung vergessener Wirklichkeit.
Aus dem Reich der Wirbellosen,
dem Stamm der Weichtiere,
der Klasse der Kopffüßer
teilen wir uns in eine Unzahl von Ordnungen und Familien,
Gattungen und Arten.
Über dreihundert Millionen Jahre
bevölkerten wir die alte Welt,
bis die Schatten des Todes über die Meere kamen.

Die Hoffnung im Schneckengang,
im Gehör das Rauschen verlorener Meere.
Bis in den allerletzten Winkel,
in jeder Kammer das Salz der Bewahrung.

Versteinertes Herz,
keine Bewegung und kein Laut.
Alles ist tot, und doch ist alles am Leben.
Ausgetrocknet und hart, bin ich doch erfüllt
von einem Tau der Sättigung,
den Euer Mund nicht fassen kann.
Zerronnen ist mein Fleisch im Stein,
geronnen wieder zur neuen Ordnung.

Ich bin ein Ammonit …

Die Zerbrechlichkeit gewann Unsterblichkeit.
Meine Seele fürchtet sich heute weder vor Druck noch vor Hitze.
In meinen Windungen
fühlt sich die Müdigkeit geborgen.
Wand an Wand wohnen Vergangenheit und Zukunft,
das Endliche und das Ewige,
das Ende und der Beginn,
Abschied und Wiederkehr,
die Klage und das Lob,
die Frage und die Antwort.

Ich bin ein Ammonit, eine Spirale um die Mitte,
die das Licht verschluckt.
In meinem Wirbelkanal spiegelt sich die Galaxie,
gewaltige Fliehkraft der Schöpfung.
Ewige Drehung,
gekrümmte Linie,
unendliche Umläufe um einen festen Punkt,
eine Wanderung zum Namenlosen.
Ein Abbild von Andromeda,
Bauplan der Vererbung,
die Spindel im Webstuhl des Lebens.

Das Größte und das Kleinste
sind in meinem steinernen Gedächtnis
eine kosmische Erinnerung.

In der Keimschale der kleinsten Windung,
im Kern,
im Fluchtpunkt meiner Sehnsucht,
liegen die Spuren von allem,
was ist
und was jemals sein wird.
Im Sog der Anziehung,
im Auge der Schwerkraft verstummt alles Fragen.
Mitten durch das Schweigen
fallen tiefer und tiefer
eure Fragen,
bis auf den Grund der Welt,
bis auf den Boden der Wahrheit.

Ich bin ein Ammonit *…*

ein Kopffüßer,
ich bewege mich kopfwärts.
Du findest mich wieder
in der Ohrmuschel,
in der Gehörschnecke,
ein kosmisches Ohr.
Dem Meer der Klänge ein langer Strand
und eine Brandung,
eine Wellenbahn ins Grenzenlose.
Schwingen, auflösen, überschreiten.
Im Gehörgang
das Tor zur Ewigkeit.

Im Sternzeichen des Widders
bin ich das Horn,
das Ammonshorn.
Ich stoße an und stoße zu.
Manchmal bin ich ein greller Schmerz,
der nie verstummen will,
euch zu warnen.
Dann bin ich der bohrende Widerhaken,
der Mißklang in eurem Ohr,
damit ihr aufschreit,
damit ihr ruft
nach dem Einklang.

Im tauben Ohr dreht sich die Todesspirale.
Den wachen Ohren gehört
die Zukunft.

Im Ammonshorn
schallt die Erinnerung an Zarathustra:
»Wachet und horchet, ihr Einsamen,
von der Zukunft her kommen Winde
mit heimlichem Flügelschlag,
und an feine Ohren ergeht
gute Botschaft.«

Anregungen zum Ammoniten

100, 200, 300, ja sogar 400 Millionen Jahre alt können manche Ammoniten sein – in einem Steinabdruck konservierte Tiere der Urmeere. Es ist Ihnen unmöglich, solche Zeiträume auch nur annähernd zu überblicken, sie gefühlsmäßig auszuloten, sie sich überhaupt vorzustellen. Sie spüren die Ehrfurcht gegenüber der Natur und ihrem gewaltigen Atem. Sie spüren die Dankbarkeit der Schöpfung gegenüber, die es fertiggebracht hat, uns die Würde und Schönheit dieser Tiere über eine solche Zeit herüberzuretten. Fossilien – Abdruck der Hoffnung, Symbol für die Gewißheit, weiterzuleben, auch wenn Sie gestorben sind. In den Momenten, in denen es Ihnen auch nur bruchstückhaft gelingen will, einen Eindruck von Zeit zu gewinnen, werden Sie von einem Schwindelgefühl erfaßt. Das Fassungsvermögen Ihres Verstandes wird hier gesprengt. Die meditative Betrachtung dieser Fossilien ist eine gute Anregung, einmal über die Zeit nachzudenken, sie nachzufühlen, nachzuahnen. Sie überdenken Ihre Lebenszeit, wie sie eingebettet ist in einen riesigen Zeitstrom, der durch das All strömt.

Der Ammonit hat die Form einer Spirale, einer geschwungenen Linie, die sich unaufhörlich einer Mitte nähert, ohne sie je erreichen zu können. Es ist eine ständige Annäherung. Sie spüren die großen Fliehkräfte, die Sie immer wieder von der Mitte Ihrer Person wegtreiben. Sie spüren auch die andere Bewegung in sich, die Sie immer mehr Ihre innere Mitte finden läßt.

In der Spirale zeigt sich eine Urform, die im Weltall immer wieder auftaucht. Die größten Ereignisse im Weltall, die Galaxien, drehen sich in der Form einer Spirale. Das Kleinste in unserem Leben, unsere Erbanlage, die DNS, auch sie ist spiralförmig aufgebaut.

Die Form des Ammoniten gleicht der Gehörschnecke des Innenohrs. Der Ammonit, ein Symbol des Hörens. Hören, eine Bewegung nach innen, Hören, eine Möglichkeit, die Welt von innen zu verstehen. Erleben Sie Ihre Welt überwiegend mit den Augen? Nehmen Sie sich Zeit zum Hören, Zeit für Stille, um wieder die Botschaften Ihrer inneren Stimme wahrzunehmen?

Tropfstein
… aus der Leere wächst die Fülle

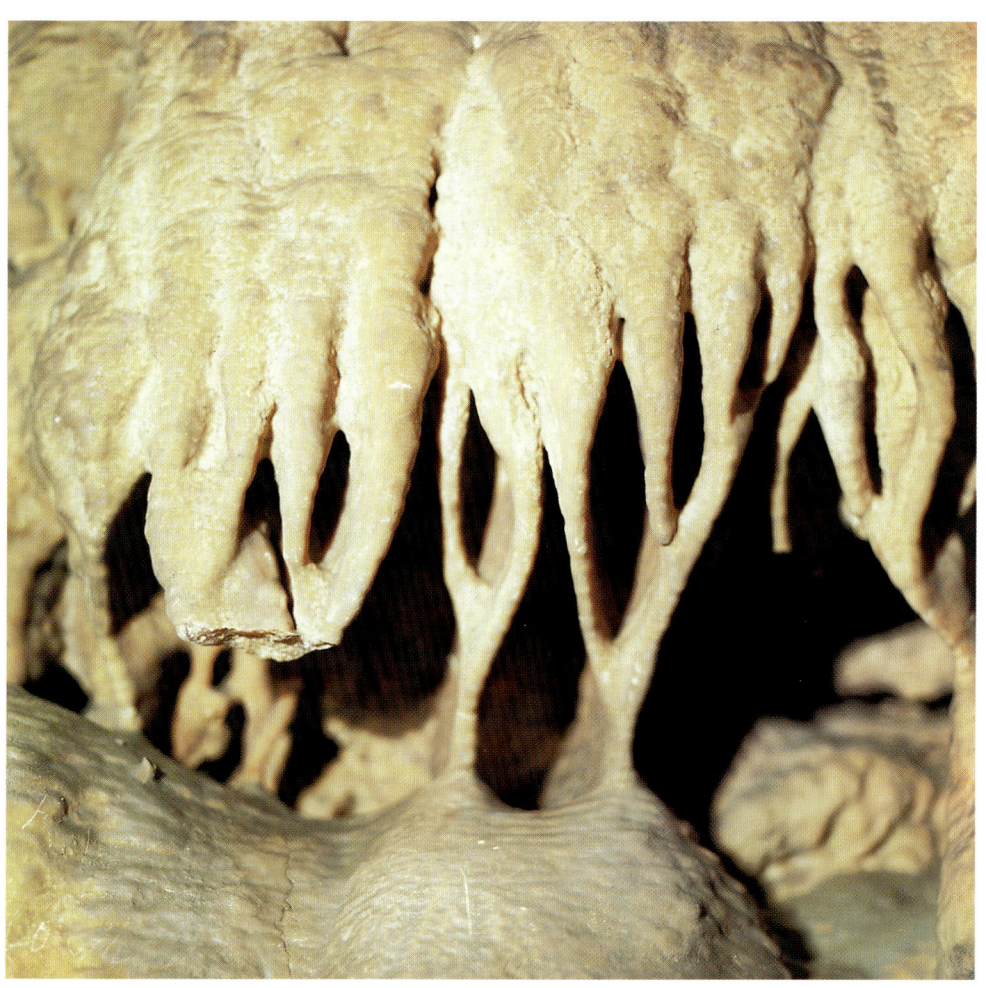

»Besäße der Mensch mehr Beharrlichkeit,
nichts,
nichts wäre ihm unmöglich.«
Chinesisches Sprichwort

Ich bin ein Tropfstein ...

eine Wiedergeburt:
Steter Tropfen höhlt den Stein.
Steter Tropfen wölbt den Stein.
Flüsse graben sich ihren Raum,
tief im Berg eine Herzkammer,
tausend und abertausend Jahre
eine Höhlenzeit.
Regenwasser sickert durch den Muschelberg,
auflösen, eindringen, verdunsten,
tausend und abertausend Jahre –
eine Tropfsteinzeit.

Ganz oben am rostigen Höhlenhimmel
aus einer haarfeinen Spalte wird der Tropfen gespeist,
er schwillt an und fällt ...
durch Raum und Zeit,
fällt wie eine schwere Frucht,
platzt auf ... tönt, verhallt ...
Und von ganz oben schräg gebiert sich ein neuer Tropfen, fällt ...
immer und immer und immer wieder,
und der lange Atem der Zeit beschlägt den kalten Felsen,
überzieht ihn mit einem weißen Schleier
grenzenloser Geduld.
Aus der Erinnerung unzähliger Tropfen
wächst die Zeit heran, die Steinzeit,
zauberhafte Welt aus Kerzen, Türmen, Zapfen.
Steinpalme, Steinorgel, Steingeister.
Aus Stalagmiten, Stalaktiten, Stalagmaten
wächst in uferloser Höhle
das Rückgrat der Zeit.

Ich bin ein Tropfstein …

*aus
Tropfen
ein Stein,
Tropfstein,
Zeitengebirge,
unter den Jahren
reifen die Jahrzehnte,
unter den Jahrzehnten
ruhen die Jahrhunderte,
unter den Jahrhunderten
schlafen die Jahrtausende
tief im steinernen Gedächtnis
die Erinnerungen an Jahrmillionen,
die steinerne Brücke über Jahrmilliarden.
Wer kann sich vorstellen, daß die vielen kleinen
Wassertropfen wie zierliche Schiffe große Berge transportieren?
Wer kann sie sehen, die winzigen Mineralienteilchen in den Tränen der Berge, Baustoff
einer gigantischen Steinlandschaft?
Wer kann sie zählen, die Myriaden kurzlebiger Sekunden im Herzen der Höhle, eine
zarte Brücke über graue Zeiten?
Wer kann damit rechnen, daß Eintönigkeit und Zufall zauberhafte Welten hinterlassen?
Wer kann sie zählen, die vielen kleinen Tränen der Trauer,
aus denen Berge der Hoffnung wachsen?
Wer kann sie zählen, die vielen kleinen Tränen der Ohnmacht,
aus denen neue Kräfte strömen?
Wer kann sie zählen, die vielen kleinen Tränen der Scham,
die den Baustoff für ein neues Herz liefern?
Wer kann sie zählen, die vielen kleinen Tränen der Wut,
die den Widerstand anwachsen lassen?
Wer kann sie zählen, die vielen kleinen Schweißperlen,
die das Unmögliche möglich machen?*

Ich bin ein Tropfstein ...

*Das Herz unzähliger Generationen schlägt in mir,
jedes Jahr,
das an mir heruntertropfte,
das an mir emporrankte,
ist ein Herzschlag meiner Hoffnung,
weiter und weiter zu wachsen.
In jedem Jahr,
das mich mit einem Schleier umgibt,
wachsen die Nester einer neuen Zeit.
Die Luft, die du heute atmest,
beeinflußt morgen und übermorgen
die Luft, die deine Kinder atmen.
Das Wasser, das du heute trinkst,
beeinflußt morgen und übermorgen
das Wasser, das deine Kinder trinken.
Das Vertrauen, das du heute aufbaust,
beeinflußt morgen und übermorgen
das Vertrauen, das deine Kinder aufbauen.*

*Die Zeit zerrinnt,
zerfließt in unbegrenzter Dauer,
verwandelt sich in Geduld,
bildet Kristalle,
überzieht die Beharrlichkeit mit hellem Glanz.
Auf den Kalkzapfen verdunsten die Jahre,
mit Perlenfarbe bedecken sie die Ungeduld,
mitten in der Gegenwart ruht sich die Vergangenheit aus
und träumt von der Zukunft.
Vom Höhlengewölbe herab
schmilzt die Ruhe
tief in den Raum der Zuversicht und der Hoffnung.*

Es kommt die Zeit, die Tropfsteinzeit,
dann werden meine Ohren in der Lage sein,
die Sprache der Tiere zu verstehen.
Es kommt die Zeit, die Tropfsteinzeit,
dann werden meine Augen in der Lage sein,
bis auf den Grund der Welt zu blicken.

Meine Kerzen brennen nicht ab,
sie brennen hoch
zum Tag der Erfüllung.

Anregungen zum Tropfstein

Zuerst wird bei der Entstehung einer Tropfsteinhöhle Platz geschaffen. In einem Berg wird eine Höhle ausgewaschen. In die leere Höhle hinein kann nun das Gebilde eines Tropfsteines wachsen. Aus einer Leere heraus wächst die Fülle. Während der Meditation können Sie sich bewußtmachen, daß auch Sie in Ihrem Leben die Erfahrung machen, daß zuerst etwas zu Ende gehen muß, damit Sie neu anfangen und sich entwickeln können. Oft fühlen Sie sich am Ende, fühlen sich im »Aus« und merken erst viel später, daß in dieser Erfahrung der Leere Ihre Chance wächst zu reifen, daß eine neue Hoffnung, eine neue Kraft und Lebenserfolg zu wachsen beginnen. Sie müssen im Leben manchmal innerlich leer werden, um wieder zu empfangen; Sie müssen arm werden, um wieder beschenkt zu werden; Sie müssen am Ende sein, um wieder richtig anfangen zu können.

Aus unzähligen, winzigen Wassertropfen entsteht im langen Atem der Zeit eine gigantische Steinlandschaft. Oft sind es die unzähligen kleinen Versuche, aus denen Großes entstehen kann. Kleine, alltägliche, gute Worte bauen Ihre Seele auf, mehr als große Reden.

Die Tropfsteinlandschaft ist gewissermaßen das Ergebnis vieler Generationen. Jeder Tropfen baut auf dem vorhergehenden auf. Kein einziger Tropfen ist unnütz oder von geringerer Bedeutung. Tropfstein ist ein Gemeinschaftswerk vieler Jahre. Was Sie heute unterlassen, wem wird es einmal fehlen? Was Sie heute tun, wem wird es einmal nützen?

Der Tropfstein ist das überzeugendste Symbol für die Kreativität und die Schöpferkraft, für Geduld, Warten und Beharrlichkeit. Sie machen sich bewußt, daß die Dinge, von denen Sie heute nur träumen können, verwirklicht werden können, wenn die Kraft Ihrer Geduld und ihrer Hoffnung erhalten bleibt.

Natürlich wäre für das Erlebnis der Meditation der Besuch einer der vielen Tropfsteinhöhlen in unserem Land zu empfehlen. Sie sollten den Steinen leibhaftig begegnen. Ein Beispiel für die vielen Tropfsteinhöhlen in Deutschland (es gibt weit über 5000 registrierte Höhlen): Hier sei wegen ihrer besonderen Schönheit nur eine Höhle genannt – die Attahöhle in Attendorn im Sauerland. Wenn Sie gerne ins Ausland reisen, dann seien Ihnen stellvertretend für alle nur drei besonders interessante Höhlen genannt:

die Höhle mit dem größten Höhlenraum, die »La Torca des Calista« in Spanien; die wohl längste Höhle der Welt, das »Flint-Ridge-Höhlensystem« in Kentucky/USA und die tiefste Höhle, die »Gouffre Jean Bernard« in Frankreich.

Steinsalz
Verkrustetes löst sich auf …

»Ihr seid das Salz der Erde.
Wenn das Salz schal geworden ist,
womit soll man es salzen?«
Matthäus 5,13

Ich bin das Steinsalz ...

aus dem Wasser geboren,
ziehe ich das Wasser an.
Weißer Lebensstrand,
glasglänzendes Würfelspiel,
gelegentlich ein blaues Leuchten,
farbiges Gedächtnis uralter Meere.
Im Salzstock schäumt noch die Gischt,
im Salzberg rauschen noch die Wellen.
Verdunsten, ausfällen, absetzen, kristallisieren,
sanfte Prozesse,
so sanft wie das Leben,
das aus dem Meer entstiegen.

Ich bin Baustein des Lebens,
keine Lebensäußerung ohne Salz.
Salzstraßen, uralte Lebensadern.
Salzopfer, magische Lebenskraft.
Salz im geweihten Wasser, Lebensschutz.
Salz auf den Lippen des Täuflings, Lebenserneuerung.
Salz im Toten Meer, es trägt das Leben.
Salz und Brot als Geschenk an der Schwelle
einer neuen Gemeinschaft,
lebensnotwendig,
was die Not wendet.
Salz achtlos verschütten,
so sagt eine alte Ahnung,
zieht Unglück an und Tränen nach sich.
Salz bewahren bewahrt davor,
Leben zu vergeuden,
Glück zu verschütten.

Ich bin das Steinsalz …

*weißer Stoff, der am Leben hält,
wachsames Mineral,
das Speisen konserviert,
Lebensmittel frisch hält,
damit sie nicht zerfallen,
damit sie Bestand haben.*

*Leben erhalten heißt:
mit Veränderungen rechnen,
bedeutet Tränen in den Augen.
Was zurückbleibt,
ist Salz.*

*Leben erhalten heißt:
mit Anstrengungen rechnen,
bedeutet Schweiß auf der Stirn,
was zurückbleibt,
ist Salz.*

*Leben erhalten heißt:
mit Bedrohung rechnen,
bedeutet Angstschweiß im Nacken,
was zurückbleibt,
ist Salz.*

In einem »Salzbund« verlieh Gott dem David und seinen Söhnen
die Krone über Israel,
das Salz,
das Speisen haltbar macht,
festigt den Bund,
drückt Bereitschaft aus,
ihn einzuhalten.
Stein der Freundschaft und Treue –
»Grundstein«.

Ich bin das Steinsalz …

der Geschmack auf der Zunge,
eine unverwechselbare Empfindung,
Kraft des Besonderen,
Anregung und Aufmerksamkeit auf dem langen Weg der Wahrnehmung,
Reiz und Würze,
Wellenschlag gegen den Strom.
Ich verhindere,
daß du Geschmack findest an der Geschmacklosigkeit.
Ich verhindere,
daß du Interesse findest an der Interesselosigkeit.
Ohne Salz werden Wünsche schal, Hoffnungen fade,
Erwartungen blaß, Sehnsüchte welk,
Widerstände glatt, Fragen stumpf.

Die Menschen streuen mich ins Wasser,
damit es nicht vereist.
Streu mich in die Herzen der Menschen,
keine Angst mehr vor der Eiszeit,
kein Frost in der Beziehung,
kein Kältetod der Gefühle,
Tauwetter für die Hoffnung.

Die Menschen streuen mich auf vereiste Straßen,
damit sie auftauen.
Streu mich auf die Wege der Menschen,
die Wahrheit faßt wieder festen Fuß,
die Lüge wird stumpf,
die Arglosigkeit rutscht nicht mehr aus,
glatte Fassaden werden aufgerauht.

Die Menschen streuen mich auf Schmutz und Flecken,
Lösungsmittel, Reinigungsmittel.
Streu mich auf die Gewohnheiten der Menschen,
harte Verkrustungen brechen auf,
zähe Vorurteile werden zersetzt,
Barrieren aufgelöst,
alte Schuld getilgt.

Steinsalz, in Maßen genommen: Leben
Steinsalz, im Übermaß genommen: Tod
Steinsalz: die Waage unter den Steinen.

Anregungen zum *Steinsalz*

Steinsalz macht Lebensmittel haltbar. Es erhält das Leben, bewahrt es vor dem Zerfall. Ihnen werden dabei Ihre Ängste bewußt, Leben zu verlieren, Hoffnungen zerfallen zu sehen, Gedanken und Verhalten verderben zu lassen.

Das Salz macht die Speisen schmackhaft. Es gibt dem Leben Würze und Anregung. Kommt Ihnen Ihr Leben fade, langweilig vor, was ist für Sie Lebensqualität, was ist für Sie Lebenswürze, was regt Sie an?

Das Salz wird auf vereiste Straßen gestreut. Es bringt Eis zum Tauen, gibt dem Fußgänger Sicherheit und Schutz. Sie können nach außen hin aalglatt sein, können Fassaden aufbauen. Sie können selbst verführt werden, manches läßt Sie im Leben entgleisen. Wo suchen Sie Schutz, wer gibt Ihnen Schutz?

In der Salzsäure vermag das Salz selbst verhärteten Schmutz aufzulösen. Alte Feindschaften, die härtesten Vorurteile, selbst ein verkrustetes Herz und verrostete Ansichten können aufgelöst werden, wenn das »Salz meiner Selbstkritik« erhalten bleibt.

In manchen Gegenden gibt es noch einen sinnvollen Brauch, der Sie in der Salzmeditation begleiten kann. Einem verheirateten Paar stellt man einen Laib Brot und eine Schale Salz vor die Tür und wünscht den beiden, daß es ihnen im Leben an nichts Wichtigem mangeln möge. Dabei mag das Brot all das versinnbildlichen, was wir im Leben »gewöhnlich« brauchen: Lebensunterhalt, Nahrung, Geborgenheit, Gesundheit. Das Salz hingegen könnte darüber hinaus das »Ungewöhnliche«, das Besondere darstellen, das der Mensch zum wahren Leben ebenso nötig braucht, nämlich den Wunsch nach Erkenntnis, die Neugierde, die Kultur, die Leidenschaft, die geistige Auseinandersetzung. Das Salz ist gewissermaßen das berühmte »Tüpfelchen« auf dem »i«, ohne das der Buchstabe unlesbar wird und keinen Sinn ergibt. Vielleicht ist das Salz in Ihrem Leben all das, was mehr ist als das reine »Überleben«.

Um die geheimnisvolle Entstehung des Steinsalzes einmal ganz sinnenhaft und ganz konkret erlebbar zu machen, sei empfohlen, Salzkristalle einmal selbst zu »züchten«, eine Beschäftigung, die nicht teuer ist, die einfach zu handhaben und leicht zu verstehen ist. Es gibt leicht verständliche Literatur darüber (siehe »Literaturverzeichnis«).

Grenzstein

… wissen, woran man ist

»Verflucht ist, wer die Grenzen seines Nachbarn verschiebt!
Das ganze Volk soll sprechen:
›So sei es!‹«
Deuteronomium 27,17

Ich bin ein Grenzstein …

*mein Platz ist immer in der Mitte
zwischen rechts und links,
außen und innen,
oben und unten,
diesseits und jenseits,
einerseits und andererseits.
Ich grenze ein und grenze ab.
Dort, wo ich stehe,
wissen die Menschen, wo sie stehen.
Genau in der Mitte meines Herzens
trennt ein scharfes Messer die Ungewißheit entzwei.
Vom Scheitel bis zur Sohle lebe ich im Niemandsland.
Die Luft, die ich atme,
ist voller Ansprüche.
Meine Haut berührt die Macht.
Im Nacken sitzt der Neid.
Von der Gier gehaßt,
der Sehnsucht getrieben,
schaut meine verwitterte Seele
in die Augen der Menschen,
die von mir eine klare Antwort erwarten.
Schon im Paradies habe ich eine Grenze gezogen,
Ich bin der Grenzbaum,
an dem die Schlange hing.
Seit diesem Tag schießen Grenzsteine wie Pilze aus dem Boden:
Steine, Mauern, Balken, Schranken, Stacheldraht,
Paragraphen, Grenzwerte,
bis hin zur Schmerzgrenze.*

Ohne uns läuft nichts mehr,
und es wächst die Zahl der Makler und der Spekulanten.
Ihr Ziel steht fest:
alles Leben fein säuberlich durchparzellieren.
Und die Freiheit?
Sie wohnt im Grundbuchamt,
hinter Millimeterpapier geschützt
weint sie sich die Augen aus.

Ich bin ein Grenzstein …

Seit siebzehnhundertund… ich weiß nicht mehr
stehe ich an diesem Platz,
fühle mich zur Zeit nutzlos,
bedeutungslos wie so oft
und genieße Denkmalschutz.
Ich nutze die Zeit und träume davon,
daß die Menschen mich besser verstehen.
Ich liebe die Stille,
die ich nicht abgrenzen muß.

Ich träume davon,
daß die Menschen entdecken,
wo meine Stärke liegt.
Setzt euren Grenzstein wieder
zwischen ja und nein,
Wahrheit und Lüge,
Recht und Unrecht,
Wachsen und Wuchern.
Befestigt eure Grenzsteine,
rammt sie noch tiefer in die Erde von
Auschwitz, Hiroshima, Tschernobyl, Sarajewo …
Stellt mich wieder in die Mitte zwischen

Freiheit und Maßlosigkeit,
Mut und Übermut,
Verantwortung und Bevormundung,
Geduld und Empörung,
Schweigen und Schreien,
bis hierhin und nicht weiter …

Ich träume davon,
daß die Menschen begreifen,
wo ich überall mißbraucht werde,
wo ich überflüssig bin.
Reißt mich wieder heraus, wenn ich euch behindere,
wenn ich euch Angst mache.
Reißt mich wieder heraus, wenn ich für wenige abgrenzen soll,
was allen gehört.
Reißt mich heraus und verwischt meine Spuren
zwischen Leben und Tod, Himmel und Erde,
natürlich und übernatürlich.
All dies muß sich doch berühren.

Ich bin ein Grenzstein …

An manchen Tagen überfällt mich ein Alptraum
und raubt mir jene Sicherheit,
um die die Menschen mich beneiden.
Dann höre ich eine Stimme, so hart,
daß mein steinernes Herz fast zerspringt:
»Wo warst du, Grenzstein,
als es darum ging,
dem Wahnsinn des Menschen eine Grenze zu setzen,
bevor er den letzten Wald ruinierte,
die letzten Wunder sanierte,
das letzte Tier schikanierte,

die letzte Freiheit riskierte,
sich selbst ein Ende zu setzen …?«
Dann werde ich wohl antworten müssen:
»…, weil mir die Hände gebunden waren!«

Umfasse mich mit beiden Händen und spüre,
wie tief ich in dir stecke.
Laß es mich merken, wo du mich brauchst
oder mißbrauchst!
Laß mich deine Grenzen abstecken,
laß mich neue Grenzen ziehen.
Du kannst dir Grenzen einbilden, einreden.

Ich weiß,
deine Kraft ist begrenzt.
Deine Hoffnung aber
grenzenlos.

Anregungen zum Grenzstein

Der Grenzstein grenzt den Machtbereich eines Menschen, einer Gemeinschaft oder eines Staates ein, »bis hierhin und nicht weiter«. Sie können in der Meditation Ihrer eigenen Grenzerfahrung nachgehen, die Grenzen, die Ihr Körper spürt, Ihr Verstand, Ihre seelische Belastbarkeit. Sie erleben die Grenze Ihres Einflusses und bemerken die Grenzen Ihrer Freiheit.

Der Grenzstein hat heute kaum noch eine Bedeutung. In den meisten Fällen hat er nur noch historischen Wert und ist Teil der Denkmalpflege. Ihnen kann bewußt werden, wie häufig Sie bei sich auf Grenzen stoßen, von denen Sie glauben, daß sie unumstößlich sind. Viele dieser Grenzen stimmen für Sie nicht mehr, man hat sie Ihnen eingeredet, Sie selbst haben sie sich eingeredet – aus Angst, aus Feigheit. Sie können so manche Grenze aufheben, können Neuland betreten, ohne ein schlechtes Gewissen zu haben. Sie können alte, falsche Entscheidungen aufheben, können sich neue Grenzen setzen.

Der Grenzstein wurde häufig im Laufe seiner Geschichte nicht beachtet, er wurde umgestoßen, herausgerissen, mißachtet. Auch Sie verwischen gerne in Ihrem Leben die Grenzen, werden grenzenlos, maßlos, haltlos. Sie haben keinen Respekt mehr davor, die Grenzen zu respektieren, die für andere Menschen Schutz, Geborgenheit und Unversehrtheit bedeuten.

Die Zeiten sind vorbei, in denen wir noch gänzlich unbekanntes Land im geographischen Sinne entdecken können, also ein Fleckchen Erde, auf das bisher noch keiner einen gesetzlichen Anspruch erhebt, ein Land, das noch nicht vermessen ist, dessen Besitzrechte noch nicht von irgend jemandem beansprucht werden. Auf der anderen Seite gewinnt das Land der Wissenschaft und Technik – je intensiver es erforscht wird – tagtäglich immer neue, unbekannte Seiten, neue weiße Flecken des Nichtwissens, die noch nicht vermessen oder erforscht sind. Aber auch in Ihrem ganz persönlichen Bereich erkennen Sie Tag für Tag, daß Sie ihre eigenen Grenzen nicht genau kennen, daß Sie sich auf der einen Seite zu schnell an Grenzen gewöhnen, die Sie längst überwinden könnten, und auf der anderen Seite überschreiten Sie ständig Grenzen, die Sie nicht schadlos überschreiten dürfen. Wäre es für Sie nicht eine spannende Aufgabe, sich selbst, Ihr eigenes Land, einmal wieder neu zu vermessen? Es gibt eine große Anzahl von Menschen, die ihre Grenzen überschreiten, aber die Mehrzahl der Menschen unterschreitet eher ihre Grenzen, schöpft ihre Möglichkeiten nicht aus, insbesondere die Fähigkeit zu lieben und aus ihrer Phantasie zu schöpfen.

Um die Gedanken der Meditation zu vertiefen, lohnt es sich, auf Spaziergängen einmal auf die alten Grenzsteine zu achten. Sie könnten den einen oder anderen Grenzstein einmal fotografieren – für Sie eine gewichtige Erinnerung, Ihre Grenzen ernster zu nehmen.

Urgestein
… von Anfang an dabei

»Mit den Steinen des Feldes bist du
verbündet.«
Ijob 5,23

Ich bin das Urgestein ...

Ich habe geträumt von schwarzen Tagen,
so hell geträumt von schwarzen Tagen,
dann werden alle Sänger schweigen,
die Vögel werden nicht mehr singen,
die Bäume keine Früchte bringen,
der Mond wird sich zur Erde neigen
am Tag, an dem die Steine klagen:

Ich bin das Urgestein, ihr Sterne schaut uns an,
wir sind wie stumpfe Zähne im aufgerissenen Mund der Erde,
die ihr Leben beweint, einen verlorenen Schatz,
um den das Weltall sie beneidet.

Wir alten Steine waren dabei,
von Anfang an dabei und sahen das erste Grün der Algen,
Wiesen, Hecken, Bäume,
Efeuranken, Moos und Gräser,
Palmenhaine, Tannenwälder,
Kornblumenblau, Ährengold und roten Mohn,
weiße Rosen, Löwenzahn und Flieder,
Wurzelwerk und Blätterdach,
Weizenkorn und Trauben.

Wir waren dabei,
von Anfang an dabei und sahen
gelbe Tannen, kranke Wälder, verbrannte Wiesen,
Äste wie verdorrte Stümpfe,
Blätter, eingerollt vor Schmerzen,
Blumen zwischen Büchsen und Benzin,
Blei im Brot und Gift im Wein
und auf dem Müll einen Pfirsichberg.

Ich bin das Urgestein …

Wir alten Steine waren dabei,
von Anfang an dabei und hörten den Herzschlag der ältesten Tiere,
den ersten Schrei der Adler,
den Flossenschlag der Fische,
den Gesang der Nachtigall,
Wolfsgeheul und Raubtierschrei,
Bienensummen, Fröschequaken,
Liebeslieder kluger Wale,
Zwitschern, Zirpen, Fauchen, Brüllen,
Hahnenschrei und Kuckucksruf.

Wir waren dabei,
von Anfang an dabei und hörten
den letzten Flügelschlag des Pelikans,
bevor er im schweren Öl versank,
den Schmerzensschrei geschälter Robben,
die grelle Ohnmacht in der Tierfabrik,
das stumme Weinen im Labor,
den Grabgesang der Raben.

Wir waren dabei,
von Anfang an dabei und staunten
über das erste Du des Menschen,
wie er seine Sprache fand,
wie das Werkzeug wuchs in seiner Hand.
Wir staunten über das Spiel der Kinder,
über Dichter, Sänger, Musikanten,
Pyramiden, Dome, Mondraketen,
ihre Sehnsucht, ihre Hoffnung, ihre Fragen.

Ich bin das Urgestein …

Wir waren dabei,
Von Anfang an dabei und staunten
über das Krebsgeschwür eurer Wünsche,
den Abgrund zwischen arm und reich,
wir sahen, wie Maßlosigkeit eure Grenzen verwischte,
wie Fortschritt aus der Bahn geriet,
wie Verwirrung giftige Blüten
und der Wahnsinn tödliche Früchte trieb.

Wir sind die alten grauen Steine,
das Urgestein,
wir waren dabei,
von Anfang an dabei
beim Wahnsinn ohnegleichen.
Du glaubst es kaum,
es ist zum Steinerweichen,
was die Natur ans Licht gebracht,
in tausendmal tausend und abertausend Stunden,
der Mensch hat es zerstört
in wenigen Sekunden,
in wenigen Sekunden.

Ich habe geträumt,
geträumt von einem Lied,
gesungen an schwarzen Tagen,
am Tag, an dem die Steine klagen.

Ich weiß,
ich habe geträumt,
nur geträumt?
Geträumt von schwarzen Tagen.

Anregungen zum Urgestein

Steine sind gewissermaßen die »Ureinwohner« unserer Erde, sie sind die ältesten Zeugen unserer Schöpfungsgeschichte, sie haben so vieles »erlebt«, haben so vieles »gesehen«, so vieles »gehört«. Diesen alten Geschöpfen sprechen wir sogar »Gefühle« zu, wenn menschliches Leid »zum Steinerweichen« ist. Lange bevor es Menschen, Tiere und Pflanzen gab, existierten bereits die Steine, aus ihren »Bausteinen« entwickelte sich organisches Leben. Wir haben Ehrfurcht vor diesen alten Geschöpfen Gottes, weil sie Zeugen seiner Schöpferkraft geworden sind bis heute. Wenn wir alte Steine betrachten, besonders blankes Felsgestein mit seiner Härte und seinem Halt, kommt uns ein Name gerne über die Lippen: »Urgestein«.

In der Meditation können Sie sich von der Vorstellung leiten lassen, was Ihnen diese alten Steine, das »Urgestein«, erzählen könnten von der Schönheit der Entwicklung, die über die Pflanzen- und Tierwelt ihre »Krone« gefunden hat im Wesen der Menschheit. Was könnten sie uns alles an Wunderbarem erzählen? Was könnten sie Ihnen aber auch an Traurigem erzählen über die Art und Weise, wie wir Menschen uns in dieser Schöpfung aufführen, wie wir uns als »Dornenkrone« der Schöpfung gebärden, die wir, gemessen an der jahrmilliardenalten Entwicklungsgeschichte der Welt, gerade einmal ein paar Sekunden leben. Das Urgestein wird für Sie zu einer mahnenden Stimme, die Sie wieder zu einer Haltung hinführen möchte, sich in Ehrfurcht in dieser Schöpfung zu bewegen, sich mit der ganzen Schöpfung wieder als Einheit zu fühlen.

Wenn Sie nach Jerusalem pilgern, werden Sie sicher auch vor jener uralten Klagemauer aus riesigen Steinquadern verharren wollen, vor der nicht nur gläubige Juden ihr Herz ausschütten und erleichtern. In Tibet vertrauen die Menschen ihren Schmerz ebenfalls heiligen Steinen an, wenn sie ihre Wunden an ihnen reiben. Wenn Sie es selbst noch nie erlebt haben, werden Sie sicher nur schwer begreifen und akzeptieren können, was es damit auf sich hat, den Kopf an einen großen alten Stein zu legen und sich dabei die Seele frei zu weinen. Steine halten still, sie hören zu, halten fest und geben Halt. Eine Möglichkeit für Sie? Sie müssen dazu nicht nach Jerusalem oder nach Tibet fahren.

Anhang

Erläuterungen zu den Steinen

Der Kieselstein

läßt sich leicht am Meeresstrand, in Flußbetten, in Kiesgruben, in Gletschermoränen, aber auch vereinzelt auf Wegen und Feldern finden. Es sind jene handlichen, abgerundeten Steine, »Kieselsteine« genannt. Da ihr Grundbestandteil in der Regel ganz oder zum großen Teil aus Quarz besteht, das heißt aus gefestigter, versteinerter Kieselsäure (Siliziumdioxid), werden sie in der Umgangssprache mit dem Sammelnamen »Kiesel« bezeichnet.

Abgebrochene und verwitterte Felsbrocken und Gesteinsmassen, die von Windböen und Wasserkraft weitertransportiert werden, geraten im Laufe ihrer »Wanderschaft« in einen unaufhörlichen Veränderungsprozeß. Fließbewegungen, Wellenschlag, Brandung sowie starker Wind bilden die Kräfte, die das Trümmergestein durch schleifende, schmirgelnde und reibende Wirkung sowie die dabei entstehende gegenseitige Schlagbeanspruchung in ihrer Form ständig beeinflussen. Kieselsteine sind also Steine, die nicht nur geschliffen werden, sondern sie schleifen sich auch gegenseitig. Stark quarzhaltige Gesteine wie Granit und Gneis werden nach zehn bis zwanzig Kilometern Flußtransport abgerundet. Weiche Sandsteine dagegen werden bereits nach zwei Kilometern völlig aufgerieben. Der Kieselstein hat also seine Form nicht durch brutale Kräfte erhalten. Eher sanfte, aber ständig und stetig wirksame und sich wiederholende Bewegungen formen ihn. Am Ende dieses Prozesses ist aus dem Kieselstein ein kleines Sandkorn geworden, das im Sandstein wieder in den Kreislauf der Steine zurückgeht. Während der Flußtransport die Steine glättet, finden sich an Kieselsteinen, die von einem Gletscher transportiert wurden, gradlinige Ritzungen. Diese Gesteinstrümmer nennt man deshalb »gekritztes Geschiebe«. Steine, die durch Windkraft und wehenden Sand geschmirgelte Kanten erhalten, heißen »Windkanter«.

Bestehen Kieselsteine überwiegend aus Quarz, sehen sie gewöhnlich milchig-weiß aus. Verschiedene Mineralbeimengungen lassen dann alle Farbtönungen zu. Bei marmorierten Kieselsteinen mit weißem Fugenanteil haben kalkige oder kieselsaure Bindemittel die Gesteinstrümmer verschiedener Herkunft buchstäblich zusammengekittet, bevor der Schleifprozeß begann. Solche Steine nennt man daher auch das »gequälte« Gestein.

Je nach Quarzanteil fühlen sich die Kieselsteine mehr oder weniger kühl an. Im Sommer ist es ein sehr schönes Gefühl, einen kühlenden Kieselstein an die Schläfen zu halten. Schlägt man Kieselsteine aneinander, so hört man einen unverwechselbaren hellen Klang.

Der Blutstein

heißt in der Fachsprache der Mineralogen »Hämatit«. Der Ausdruck stammt von dem griechischen Wort »haima«, was »Blut« bedeutet. Das Mineral hat also etwas mit unserem Blut zu tun. Als Eisenoxid bildet es die Grundsubstanz des Hämoglobins, des roten Blutfarbstoffs, weil es hervorragend geeignet ist, die Funktion der Sauerstoffbindung im Blut zu bewerkstelligen. Die Bezeichnung »Blutstein« ist unter Sammlern allerdings einer sehr dichten und eher schwarz aussehenden, metallisch glänzenden Varianten dieses Minerals vorbehalten, die man auch zu Schmuckstücken verarbeiten kann. In der Regel sieht der Hämatit eher rost-braun-rot aus. In welcher Farbtönung er auch immer auftauchen mag, er hinterläßt stets eine rote »Strichfarbe«, wenn man ihn über ein rauhes, weißes Porzellantäfelchen streicht. Also auch hier die charakteristische »Blutspur«.

Für die Industrie bedeutet der Rohstoff Hämatit ebenfalls ein wichtiges »Herzstück«; er gehört zu den wichtigsten Eisenerzen und wird wegen seiner Farbe auch »Roteisenerz« oder »Roteisen« genannt. Er rangiert an zweiter Stelle in der Liste des prozentualen Metallvorkommens in unserer Erdkruste. Aus diesem Roherz mit seinen noch hohen Gesteinsverunreinigungen entsteht auf dem Wege der Aufbereitung ein Erzkonzentrat, das dann in der sogenannten »Verhüttung« zu Eisen geschmolzen und zu Stahl weiterverarbeitet wird.

Für die Meditation sind zwei Aspekte von Bedeutung: Hämatit oder Blutstein ist auf der einen Seite als Blutfarbstoff lebensaufbauend, aber auf der anderen Seite, zu Stahl geschmolzen, kann man damit schreckliche Waffen schmieden, die das Leben sofort auslöschen können. Der Blutstein ist ein Konfliktstein.

Daß das Eisen der Waffen das Leben eines Menschen »ausbluten« läßt, war wohl die Angst, die die Germanen empfanden, als sie sich Amulette aus Blutstein um den Hals hängten, wenn sie in den Kampf zogen.

Das Katzengold

ist eine volkstümliche Bezeichnung für das Mineral »Pyrit«. Gelegentlich wird das angewitterte Mineral Biotit ebenfalls so bezeichnet. Beide Mineralien täuschen auf den ersten Blick Gold vor. Daß schon sehr viele Menschen dieser Täuschung erlegen sind, spiegelt sich bereits in dem eher belustigenden und manchmal schadenfrohen Unterton des Wortes »Katzengold« wider. Früher wurde es bezeichnenderweise auch »Narren-Gold« genannt. Manches Goldfieber endete im »Katzenjammer«, vielleicht kommt daher die Bezeichnung »Katzengold«, wenn eben das ganze Bemühen »für die Katz« war. Das Katzengold ist somit ein Symbolstein für die große Täuschbarkeit, Anfälligkeit und Oberflächlichkeit der reinen Augenwahrnehmung. Daß aus »Gold« schnell »Katzengold« werden kann, zeigt die Relativität und Begrenztheit unseres Sehvermögens. Heutige Erkenntnistheorien weisen mit immer neuen kritischen Beobachtungen darauf hin, wie bruchstückhaft, realitätsverfälschend und einengend unsere Augen die »reale« Welt wahrnehmen. Und dennoch fasziniert uns dieses Katzengold mit seiner wahrhaft atemberaubenden Schönheit, wahrhaft ein »güldener Schatz«.

Das Mineral Pyrit ist ein Eisensulfid, auch »Schwefelkies« oder »Eisenkies« genannt. Die messing-gold-gelben, metallisch glänzenden Kristalle haben die Form von Würfeln oder von Pentagondodekaedern (Körper mit zwölf fünfeckigen Flächen). Meistens sind die Kristallformen an den Ecken etwas abgeflacht und wachstumsverzerrt, gelegentlich findet man natürlich exakt geformte Einzelkristalle. Die Würfelflächen sind zur Kante hin leicht gestreift, ein Zeichen für die niedere Symmetrieklasse der Pyritkristalle.

Manchmal ist die Oberfläche bunt angelaufen und kann bei Verwitterung einen rostigen Überzug erhalten. Gelegentlich tritt das Pyrit als Versteinerungsmittel auf. Wer schon einmal die Versteinerung einer »vergoldeten Seelilie« in den Händen hielt, wird noch mehr fasziniert sein von diesem Mineral, dessen Anblick nicht nur die Augen der Kinder in seinen Bann ziehen kann. Oft sind die Pyritaggregate auch feinkörnig, derb, erdig, Bestandteile von Gesteinen, besonders mit Dolomit. Nicht selten findet man kleine Pyritkriställchen wie feinverteilte »Goldkrümel« auf anderen Mineralien (häufig bei Schwerspat), als hätte eine Märchenfee sie ausgesät.

Pyrit, das wichtigste Schwefelerz zur Schwefelsäureherstellung, kommt als Gemengeteil in magmatischen Gesteinen vor, in Gesteinsgängen, gelegentlich in Sedimenten.

Der Marmor

Unter allen Gesteinen gebührt dem Marmorstein gewissermaßen die Krone, wenn es gilt, das Edelste zu feiern. Kein Naturstein genießt eine ähnlich hohe Wertschätzung. Der Begriff »Marmor« wird unterschiedlich definiert. Die Geologen verstehen unter dem Marmor ein aus Kalkgestein umgewandeltes (»metamorphes«) Gestein. In der Bauwirtschaft, im Handel und im Volksmund wird jeder feste und damit polierfähige Kalkstein als Marmor bezeichnet.

Um die Entstehungsgeschichte des Marmors zu verstehen, ist es notwendig, sich den sogenannten »Kreislauf der Gesteine« vor Augen zu führen: eine ständige Bewegung von Ergußgestein (Magma), Verwitterungs- und Ablagerungsgestein (Sedimentgestein), dann das unter immer stärkerem Gebirgsdruck entstehende Umwandlungsgestein (metamorphes Gestein), das wiederum fließend durch immer stärker werdende Einschmelzung wieder zu einem Ergußgestein wird, und der Kreislauf beginnt von neuem. Durch das Ergußgestein (Vulkanismus) gelangen u. a. auch Kalkmineralien (Kalzium, Dolomit, Aragonit …) an die Erdoberfläche. Kalk ist ein wichtiger Bestandteil bei der Bildung von Mineralien und Gesteinen. Bei der Bildung von Kalkgestein spielt in besonderer Weise das Meer eine Rolle. Eine unübersehbare Vielfalt an Meerestieren (Algen, Brachiopoden, Cephalopoden, Ammoniten, Foraminiferen, Korallen, Muscheln und Schnecken) bauen aus dem im Meerwasser aufgelösten Kalk ihre Stützgerüste auf, die sich nach dem Aussterben der Tiere am Meeresboden als Ganzes, als Skelettreste oder völlig aufgelöst als Kalkschlamm ansammeln und mit der Zeit ein mächtiges Sediment bilden. Geraten diese Sedimente infolge ihrer immer größer werdenden Masse unter immer stärker einwirkenden Gebirgsdruck, geschieht eine Umwandlung (»Metamorphose«). Hitze und Druck zwingen die atomare Struktur der Moleküle zu einer Umstrukturierung. Das lockere Gestein kristallisiert. Besonders an den Bruchkanten des Marmors erkennt man eine zuckerartige Kristallstruktur. Es existieren keine Hohlräume mehr im Gestein, auch keine Fossilien mehr.

Fremdbestandteile wie Eisen, Chlorit, Mangan … usw. verändern die Farbe des Marmors und ergeben eine gemaserte, gefleckte, geäderte und »marmorierte« Struktur.

Im reinen, schneeweißen Zustand kann Marmor bis zu 30 Zentimetern lichtdurchscheinend sein. Das tiefe Eindringen des Lichts verleiht dem Marmor seinen typischen Schimmer. Seit dem Altertum ist der Stein von größter Bedeutung für die Bildhauerei und Architektur. Es haftet dem Stein etwas Edles, Kaiserliches, geheimnisvoll Transparentes an.

Die Druse

Schon im Mittelalter nannte man diese, auf der Innenseite kristallbesetzten Gesteinskugeln »Drusen« – ein geheimnisvoller Name, so geheimnisvoll wie immer wieder die Entdeckung dieser Steine, bei denen man von ihrem unscheinbaren äußeren Erscheinungsbild kaum auf ihren kostbaren Inhalt schließen kann.

Im sogenannten »Vulkanitgestein« (Melaphyr, Porphyr, Basalt …), also in jenem Gestein, das durch einen Vulkanausbruch rasch an die Oberfläche kam und ebenso rasch erstarrte, hatten sich beim Vorgang des Ausbruches unzählige Gasblasen in der Gesteinschmelze gebildet, die dann beim Erstarren des Gesteins Hohlräume von unterschiedlichem Durchmesser bildeten. In diese Hohlräume hinein kristallisierte sich dann das jeweilige Gestein aus, so daß die Drusen an der Innenwand oft mit einem glitzernden Kristallrasen »ausgeschlagen« sind, aus dem heraus schöne und wohlgeformte Einzelkristalle ragen. Das Gestein »blühte« gewissermaßen nach innen auf, hinein in den dunklen, leeren Raum, den kein Sonnenstrahl erreicht. Ist der Innenraum völlig zugewachsen und dicht mit einer konstanten und kompakten, nicht auskristallisierten Grundmasse eines Minerals (meist mit Achat) ausgefüllt, so spricht man von einer »Geode«. Die Kristalle in der Druse gehören in der Regel zu Mineralien wie Bergkristall, Amethyst, Rauchquarz, Calcit, Nadeleisen u. a.

In manchen Drusen befindet sich immer noch das beim Vorgang der Kristallisation freiwerdende Kristallwasser. Der Durchmesser der Drusen reicht vom Millimeter- bis in den Dezimeterbereich, wobei die größten Drusen nicht in jedem Fall die schönsten sind.

Die einzelnen Drusen sitzen oft wie Einsprengsel im jeweiligen Muttergestein. Die eher ovalen Formen werden »Mandeln« genannt. Würde man einen sauberen Schnitt durch ein Melaphyrgestein machen, so würden sich die einzelnen Drusen wie Löcher im Schweizer Käse ausmachen. Bei Sprengungen im Steinbruch stürzen sie oft wie Schwalbennester auf die Erde und zerbersten. Sind sie jedoch noch verschlossen und stecken fest im Muttergestein, so benötigt man ein geübtes Auge und eine gefühlvolle Hand, um sie zu entdecken und heil zu bergen. Werden sie dann vorsichtig mit einer Steinsäge geöffnet, erschließt sich ihr ganzer Reichtum.

Die Druse: eine unscheinbare Außenseite, eine prächtige Innenseite – zwei Seiten einer Ganzheit.

Der Bergkristall

ist wohl für die meisten Stein- und Mineraliensammler »der Stein«, »der Kristall« schlechthin. Wenn er auch in der Schmuckindustrie keine so bedeutende Rolle spielt, er fasziniert einfach alle Sammler. Der Name »Kristall« kommt aus dem Griechischen und bedeutet »Eis«. Der Anblick des farblosen, durchsichtigen Steins muß bei der Namensgebung den Eindruck hinterlassen haben, daß es sich hier um ein Stück ewiges Eis handelt, das wie ein bizarr geschliffener Eiszapfen wirkt und nie mehr schmelzen kann. Bis ins 17. Jahrhundert war der Bergkristall »der Kristall« schlechthin.

Als farblose, durchsichtige Variante des eher milchig-weißen und derben Quarzes haben seine schön ausgewachsenen Kristallkörper (von Millimeter- bis Meterlänge) jene typische Form von schlanken sechsseitigen Prismen mit einer pyramidenförmigen Endfläche. Infolge seiner besonders festen molekularen Struktur verfügt der Bergkristall – ein reines Siliziumdioxid – sowohl mechanisch als auch chemisch über einen sehr hohen Verwitterungswiderstand und ist wohl deswegen auf der Erdoberfläche weit verbreitet, natürlich nicht immer so schön auskristallisiert. Der Bergkristall ist in der Glas- und Keramikindustrie als Quarzsand ein wichtiger Grundstoff. Er wird zur Erzeugung von Ultraschall und zum Steuern von Uhren und Sendern verwendet (piezoelektrischer Effekt).

Im Volksglauben hat wohl die geheimnisvolle Durchsichtigkeit dieses Steins, der zu Kugeln geschliffen wurde, auf die Kraft der »Durchsicht« und Weissagung vertrauen lassen. Vielleicht ist der Bergkristall auch der verheißungsvolle Stein der geheimen Offenbarung der Bibel, wenn es dort heißt: »Ich werde ihm einen weißen Stein geben, und auf dem Stein steht ein neuer Name« (Offenbarung 2,17). Analog dazu erinnert man sich an einen Ausspruch von Teilhard de Chardin, wenn er in seiner »Hymne an die Materie« sagt: »Ich grüße dich, harmonische Quelle der Seelen, klarer Kristall, aus dem das neue Jerusalem gewonnen wird.« In der Schmuckindustrie hat der Stein besonders im sakralen Bereich eine große Bedeutung. Wir finden ihn sehr oft an Tabernakeln, Kelchen, Kreuzen und anderen liturgischen Gegenständen.

Der Bergkristall ist besonders geeignet, als Sinnbild für die Welt der Form, der Struktur, der Ordnung und der Harmonie zu stehen. Die Welt der Kristalle existierte bereits

Milliarden Jahre, bevor es Leben auf dieser Erde gab. Sind sie nicht so etwas wie die Zeichnung eines Architekten, der das Haus des Lebens bauen möchte, Grundideen, Baupläne für das gewaltige Bauvorhaben »Leben«?

Der Amethyst

hat seinen Namen aus dem Griechischen und bedeutet dort soviel wie »nicht betrunken«, »nüchtern«, »nicht berauscht«. Er galt als Schutzstein und Kraftstein gegen Ausschweifung und Trunkenheit. Er gehört ebenso wie der Bergkristall zur Quarzgruppe und hat mit diesem die Kristallform und alle chemischen und physikalischen Merkmale gemeinsam. Die Kristalle sind in der Regel nicht so lang und so schlank wie die des Bergkristalls, sondern eher in der oberen Pyramidenspitze ausgeprägt. Die herrliche Farbpalette dieses Edelsteins von Hell- bis Dunkelviolett wird durch Beimengung oder »Verunreinigung« von Eisen, Mangan oder Titan innerhalb der Kristallisationsmasse verursacht. Der Stein läßt nur den violetten Anteil des Lichts durchscheinen. Je nach Farbintensität ist der Stein durchscheinend. Dabei ist eine oft auffallende wolkige Trübung im Stein ein Zeichen für seine Echtheit, wie dies auch beim Smaragd der Fall ist. Als Amethystquarz ist der Stein nicht voll auskristallisiert und eher in derber Form vorhanden, wobei die violette Grundfarbe mit weißen Streifen durchsetzt ist. Er wird oft zu Kugeln und Schalen geschliffen.

Als Schmuckstein spielt der Amethyst eine sehr große Rolle. Das größte Vorkommen soll es in Brasilien geben, die schönsten Kristalle jedoch sollen in Sibirien zu entdecken sein. Man findet den Amethysten ebenso wie den Bergkristall in Drusen und mandelförmigen Einschlüssen, Klüften und Spalten.

Vielleicht wegen seiner geheimnisvollen Farbe gilt der Amethyst in der christlichen Liturgie und Mystik als ein Symbol für den Altarwein, das »Blut Christi«. Sehr häufig findet man ihn an Kelchen verarbeitet. Der Stein ist außerdem dem heiligen Valentin geweiht und taucht häufig an Bischofsringen auf.

Die violette Farbe des Steins, eine enge Verbindung von Rot und Blau, ist ein Symbol für die unauflösliche Einheit von Liebe und Treue. Wahrscheinlich wurde er deshalb dem heiligen Valentin geweiht, dem Patron der Liebenden. Der violette Kristall spiegelt die liturgischen Farben der Fastenzeit und der Adventszeit wider, »atmet« Besinnung und Erwartung.

Die Steinkohle

Das Kohle-»gestein« hat einen organischen Ursprung und ist nach geologischer Definition kein echtes Gestein. Kohle, das sind gewissermaßen die steingewordenen Überreste vergangener Urwälder. Da Kohle aber andererseits einen festen Bestandteil der Erdrinde darstellt und teilweise gegenüber dem Ursprungsmaterial derart verändert ist, daß ihre organische Herkunft nicht mehr zu erkennen ist, ordnet man sie den sogenannten »Sedimentgesteinen« (das sind Ablagerungsgesteine) zu.

Wie entsteht Kohle? In vorgeschichtlicher Zeit (vor ca. 350 Millionen Jahren), als es auf unserer Erde noch keine Vögel und Säugetiere gab, wurden durch Prozesse von Erdhebung und Erdsenkung riesige Sumpf- und Regenwälder vom Meer überflutet. Die undurchdringlichen Urwälder mit ihren bis zu 30 Meter hohen Schuppen-, Siegel-, Farn- und Schachtelbäumen gerieten unter Wasser, wurden luftdicht mit Schlamm bedeckt. Der von Schicht zu Schicht immer stärker werdende Gebirgsdruck und die damit verbundene Hitze verwandelten die Pflanzenreste im Laufe von Jahrmillionen zu Gestein. Man nennt diesen Prozeß »Inkohlung«. Je größer der Gebirgsdruck, desto geringer wird in den Pflanzenresten der prozentuale Sauerstoffanteil, und desto höher ist der reine Kohlenstoffanteil. Diese Reihe beginnt zunächst mit Torf. Hier kann man noch ganz deutlich die Pflanzenreste erkennen. Danach kommt Braunkohle, dann die Steinkohle. Sie zeigt nur noch ganz geringe Pflanzenreste, ist schwarz und hat schon die Form von brüchigem Gestein. Danach kommt die Anthrazitkohle, danach der Graphit. Dieser besteht fast nur noch aus reinem Kohlenstoff und ist durch den hohen Gebirgsdruck bereits umgewandelt, zeigt kristalline Struktur. Ganz am Ende dieser Entwicklung steht der Diamant, reinster Kohlenstoff, der durch ganz extremen Gebirgsdruck und Hitze eine feste Kristallstruktur entwickelt. Es ist das härteste Mineral, das es gibt, und hat in seinem lupenreinen Glanz eine hohe Lichtbrechung. Aus grünem Baum entstand schwarzer Stein, am Ende ein weißes Licht.

Die Kohle wird in großem Umfang abgebaut durch den Tagebau (Braunkohle) und durch den Untertagebau (Steinkohle). Durch die große wirtschaftliche Bedeutung der Kohle zur Energie- und Wärmegewinnung sowie für die chemische Industrie sind im Laufe der Jahre eine riesige Bergbauindustrie und eine eigene Bergbaukultur entstanden. Mit der Kohle verbunden sind große Gefahren: Bergbauunfälle, Bergschäden, Umweltschäden, immer stärker werdende Absatz- und Beschäftigungsprobleme. Wenn die Kohle nicht übermäßig ausgebeutet wird, liefert sie noch für viele Generationen Arbeit und Brot.

Der Ammonit

ist eine Bezeichnung aus der Fossilienkunde. Unter einem Fossil verstehen wir die aus dem Boden ausgegrabenen, versteinerten Überreste oder die durch Hohlraumfüllung wie ein Steinkern entstandenen Abdrücke vorweltlicher Lebewesen (Pflanzen und Tiere).

Der Ammonit gehört zu den versteinerten, längst ausgestorbenen Kopffüßern (Cephalopoden), ähnlich unseren heutigen Tintenfischen und Schnecken. Er zählt zu einem Stamm der Weichtiere, die besonders im geologischen Erdmittelalter häufig vertreten waren. Man kennt bis heute über 1.500 Gattungen und weit über 5000 Arten dieser ausgestorbenen Tiere. Sie wurden deshalb zu einem Sinnbild für Fossilien überhaupt. In der Devonzeit (Beginn vor 400 Millionen Jahren) traten sie zum ersten Mal vermehrt auf und bevölkerten in ihrer Vielfalt bis zum Ende der Kreidezeit (vor 70 Millionen Jahren) die Meere. Wegen dieser langen Verbreitungszeit und ihrer relativ kurzlebigen Artenvielfalt wurden sie für den Geologen zum »Leitfossil« bei der Bewertung und Bestimmung von Fossilien.

Sein spiralförmig eingedrehtes Schalengehäuse reicht von zwei Millimeter bis zu zwei Meter Durchmesser. Der Ammonit wird auch »Ammonshorn« genannt wegen dieses spiralförmigen, dem Widdergehörn ähnlichen Erkennungszeichens des altägyptischen Gottes Amun oder Ammon.

Die Versteinerung ging in der Regel so vor sich, daß ein Tier oder eine Pflanze von einem Sediment (Ton, Sand …) luftdicht eingeschlossen wurde. Die eigentliche Versteinerung erfolgte dann gewöhnlich durch eine Art Stoffaustausch. Sicker- und Zirkulationswasser tauschten die organischen Stoffelemente gegen neue anorganische Stoffe aus. So entstand ein Steinkern mit dem exakt gleichen äußeren Erscheinungsbild wie das des früheren Originals. Versteinerungsmittel in diesem Zirkulations- und Lösungsprozeß waren u.a. Kalke, Dolomite, Kiesel (Quarz), Pyrit und Limonit. Von dem ursprünglichen Tier ist nur noch die Form erhalten. Man möchte es manchmal nicht glauben, so lebendig wirken einige Fossilien, als seien sie nur aus einem langen Schlaf erwacht.

In der Spiralform der Ammoniten ist sowohl die Form der meisten Galaxien als auch die Form der mikroskopisch kleinen DNS (DesoxyriboNukleinSäure, die biologische Erbsubstanz) vorhanden. Man findet die geheimnisvolle Form auch in unserer Hörschnecke wieder. Der Ammonit ist ein Hörsymbol.

Der Tropfstein

Was mögen jene Menschen empfunden haben, die als erste auf die geheimnisvolle Welt einer Tropfsteinhöhle stießen? Vielleicht erschloß sie sich ihnen beim Schein einer Talgfackel als der Ort der Götter. Auch den heutigen Menschen, mag er noch so rational, verkopft und nüchtern erscheinen, wird beim ersten Anblick einer solchen Höhle ein ehrfürchtiger Schauer überkommen. Diese wundersame Steinlandschaft bringt unsere Phantasie regelrecht zum Rotieren. Wir können uns kaum vorstellen, was dieser Anblick alles an Erinnerungen und Assoziationen wachruft: Eiszapfen, Wasserfall, Springbrunnen, Palmen, Orgel, Dome, Zuckerbäckerei und Tortenguß, Riesen, Zwerge, Geister, Feen, Gnome, Elfen … usw. Die Dunkelheit, die Grabesstille, die nur ab und zu unterbrochen wird durch zerplatzende Wassertropfen oder durch das Rauschen eines weitentfernten Flusses, die Kühle, die hohe Luftfeuchtigkeit, all dies erzeugt eine dumpfe, klamme und unheimliche Atmosphäre, die vielen Menschen den Atem verschlagen kann. Und doch zeigt die Tropfsteinhöhle bei richtiger Ausleuchtung ihre künstlerisch zarte und geradezu poetische Seite und wird für das Auge zu einem wahren Festschmaus an Formen und Farben.

Wie entsteht eine solche Steinwelt? So wie die Mineralien immer genügend Platz benötigen, um ihre volle Kristallisation »auszuleben«, braucht eine Tropfsteinlandschaft zunächst ihre Höhle, in die hinein sie wachsen kann. Unterirdische Flüsse haben in langen Zeiträumen die Grabungsarbeiten geleistet und im Berg ein Labyrinth an Höhlen, Gängen, Spalten, Schächten und manchmal sogar regelrechte Hallen ausgewaschen. Sickert nun saures Regenwasser durch ein darüberliegendes Kalkgestein, löst es winzige Teilchen dieses Minerals auf, transportiert sie weiter nach unten und tropft endlich in die Höhle hinein, wo es verdunstet und dabei wieder Kalk absetzt. So entsteht Tropfen für Tropfen ein neues Steingebilde.

Von der Höhle herabwachsende Tropfsteinzapfen nennt man »Stalaktiten«, vom Höhlenboden zur Decke hinaufwachsende Steinsäulen heißen »Stalagmiten«. Wachsen hängende Zapfen und aufstrebende Säulchen zusammen, so spricht man von »Stalagmaten«. Manchmal entstehen auch Stufen, ganze Terrassen, Vorhänge oder riesige, »samtweich« ausgeschlagene Grotten. Werden nun im herabfließenden Regenwasser noch andere Mineralienteilchen mit aufgelöst und mit transportiert, kann der grauweißliche Kalkspat oder Aragonit verschieden eingefärbt werden. Es sind Jahrhunderte nötig für das Wachstum von wenigen Zentimetern.

Das Steinsalz

Allgemein stellen in der Chemie »Salze« eine Verbindung zwischen einem Metall und einer Säure dar. Im speziellen Sinn versteht man unter dem Salz das für Mensch und Tier unerläßliche Mineral »Halit«, chemisch ausgedrückt: Natriumchlorid. Das Wort »Halit« kommt vom Griechischen »halos«, was Meersalz bedeutet. Man nennt es auch »Bergsalz«, »Steinsalz« oder »Kochsalz«. Das Wort »halos« taucht noch heute in den Namen vieler Salzstädte auf, wie z. B. in Hall, Reichenhall, Hallstadt …

Das Mineral, das überwiegend in den körnigen, kompakten Massen der Salzlagerstätten und Salzstöcke auftaucht oder in sogenannten »Salinen« aus dem Meerwasser frisch gewonnen wird, zeigt bei guter Kristallisation kubische, meist würfelige Formen, die allerdings an den Ecken oft wachstumsverzerrt sind. Es ist überwiegend weiß bis durchsichtig, hat besonders bei Verwitterung einen fettigen Glanz. Die Blaufärbung rührt von metallischem Natrium her, die Farben Rot und Gelb werden durch Eisenbeimengung und die Farbe Grau durch Tonverunreinigung bewirkt. Im Wasser löst sich das Salz schon bei Zimmertemperatur wieder auf.

Überwiegend in Sedimentgestein vorkommend, weist es auf einen Ablagerungsprozeß hin. Es entsteht durch Wasserverdunstung an der Lösungsoberfläche oder durch Abkühlung von gesättigten Lösungen. Ozeanische Salzlagerstätten sind also die kristallisierten Überreste alter Meere. Dieser natürliche Vorgang der Salzgewinnung wird heute in vielen Verfahren künstlich wiederholt. Das Steinsalz wird sowohl im Tagebau als auch bergmännisch unter Tage abgebaut. Sein Vorkommen ist weit verbreitet, berühmt sind Berchtesgaden in Oberbayern und das Salzkammergut in Österreich.

Neben der rein biologischen Notwendigkeit verwendet es der Mensch zum Würzen und Haltbarmachen von Speisen. Es wird als Viehsalz den Tieren zugeführt, ist in Lösungs- und Reinigungsmitteln vorhanden und bildet in der Technik und in der chemischen Industrie einen notwendigen Grundstoff.

Weil das Steinsalz lebensnotwendig ist, hat es die Geschichte beeinflußt, Kriege ausgelöst, riesige Handelswege entstehen lassen, Reichtum und Kultur geschaffen. Im Volksglauben und der Religionsgeschichte spielt es ebenfalls eine große Rolle, besonders in seiner lebensfördernden und Unheil abwehrenden Kraft. Im Neuen Testament ist das Salz ein Symbol für die ungebrochene und unbestechliche Kraft christlicher Ethik.

Der Grenzstein

Wer nicht gerade blind durch die Landschaft läuft, wird sie sicherlich schon oft gesehen haben, die Grenzsteine: mächtige Steine, kleine Steine, mal kunstvoll behauen, mal als Rohlinge, mal gut und weithin sichtbar, mal von Gras und Gebüsch längst überwuchert. Diese meist schon angewitterten und bemoosten Steine oder Felsbrocken, versehen mit Inschriften, Buchstaben, Symbolen und Zahlen, haben oft eine bewegte Vergangenheit. Machthaber wie Fürsten, Herzöge, Grafen, Bischöfe, Klöster, freie Städte und Gemeinden sicherten damit ihren Grund und Boden, ihre Besitztümer und ihren Machtbereich. Als »stumme« Zeugen vergangener Zeiten können sie, wenn man sich geduldig mit ihnen beschäftigt, sehr viel Interessantes erzählen und dokumentarisch festhalten.

Die Notwendigkeit, die Wiesen, Äcker und Felder abzustecken, findet sich in allen bäuerlichen Hochkulturen. Der Brauch einer Grenzsteinsetzung ist also uralt und ist wie vieles andere auch über die Römer zu uns gekommen. Die Römer pflegten übrigens unter die Grenzsteine Münzen der jeweils regierenden Kaiser zu legen; etwas Ähnliches erfolgt noch heute bei einer Grundsteinlegung. Die Männer, die im Mittelalter das Amt des Grenzsteinsetzens innehatten, die sogenannten »Feldschieder«, wurden vereidigt und hatten sich einem Lebenswandel zu unterziehen, der sich an äußerst strengen sittlichen Maßstäben (seelischen Grenzsteinen) zu orientieren hatte. Die Verschiebung, Zerstörung und Vernichtung von Grenzsteinen wurde im Mittelalter mit drastischen Strafen wie Fuß- und Beinamputation, ja sogar mit dem Tod durch den Strang bestraft. All dies sind Indizien für den hohen Rechtsanspruch und die große Bedeutung, den Respekt und den Ernst, den diese Grenzsteine verkörperten.

Die meisten Grenzsteine tragen auf jeder Seite die Anfangsbuchstaben, die jeweiligen Symbole oder Wappen der »Angrenzer« sowie eine laufende Nummer und eine Jahreszahl. Auf den Kopfflächen der Steine ist oft eine Rille eingemeißelt, die beidseitig den Grenzverlauf zeigt. Sie wird »Weisung« genannt. Wenn sich die Richtung des Grenzverlaufs ändert, wird das in einem Winkel angezeigt, dem sogenannten »Brechpunkt«. Diese Grenzsteine wurden dann »Ecksteine« genannt, im Gegensatz zu den dazwischenliegenden »Läufern«. Die Grenzsteine, die wegen der leichten Bearbeitung überwiegend aus Sandstein bestehen, sind leicht in den Kataster- und Meßtischblättern zu finden, haben aber wegen der raschen politischen Veränderungen in der Regel nur noch historischen Wert.

Die Grenzziehung ist so alt wie das Leben. Erst als sich die erste Zelle eine Zellwand, eine Grenze, schuf, begann der »Siegeszug« der Evolution.

Das Urgestein

Wenn man alle zur Zeit vorhandenen Steine je nach ihrer Entstehungszeit auf einer Zeit-achse aufreihen möchte, so könnte man denken, daß dabei das sogenannte »Urgestein« ganz links auf der Skala bei den ältesten Steinen zu finden sei. Dies ist jedoch natur-wissenschaftlich nicht ganz korrekt und nur als relativ aufzufassen. Zunächst muß man in dieser Frage vom sogenannten »Kreislauf der Steine« ausgehen, der – ganz grob dar-gestellt – etwa so abläuft:

Flüssiges Magma ergießt sich auf dem Wege eines Vulkanausbruchs rasch nach oben oder wird ganz allmählich durch Erdbewegungen an die Oberfläche gedrückt. Es er-kaltet dabei und erstarrt. Dieses Gestein, etwa Granit oder Basalt, verwittert allmählich, zerfällt in immer kleinere Stücke, wird z. B. zu Sand und Staub. Wind und Wasser tra-gen diese winzigen Gesteinsreste zusammen, schichten sie immer mehr aufeinander. Es entstehen Ablagerungsgesteine, auch Sedimente genannt, wie z. B. der Sandstein. Diese Ablagerungen werden mit der Zeit immer mächtiger, schwerer, so daß sie – den Gesetzen der Schwerkraft folgend – zusammengedrückt werden und allmählich immer mehr ins Erdinnere, zum Zentrum hin, absinken. Die dadurch immer stärker werdende Druck- und Hitzesituation läßt das zusammengedrückte Ablagerungsgestein sich ver-wandeln, die kristalline Struktur verändert sich. Es entsteht das sogenannte »meta-morphe Gestein«, auch »Umwandlungsgestein« genannt. So wird z. B. aus Granit ein Gneis, aus Kalkstein der Marmor, aus dem Sandstein ein Fels. Diese Umwandlungs-gesteine werden nun entweder wieder an die Oberfläche gedrückt (etwa bei Gebirgs-faltungen), oder sie werden immer weiter bis ins Erdinnere gedrückt, sinken also weiter bis in den Magmaherd, der das Gestein wieder aufschmilzt. Der ganze Prozeß beginnt dann durch einen Vulkan aufs neue. Ein Kreislauf entsteht. Was »heute« bereits Ur-gestein ist, war »gestern« noch Magma und kann »morgen« schon verwittern.

Wenn wir dennoch das Wort »Urgestein« verwenden, so soll damit ausgedrückt wer-den, daß die Steine die ältesten »Bewohner« unserer Erde sind. Sie sind gewissermaßen die Ur-ur-eltern des Menschengeschlechts, sie waren und sind die Beobachter der gewaltigen Lebensprozesse unserer Erde, sind »stumme« Zeugen und könnten, wenn sie eine Sprache hätten, uns Menschen ins Gewissen reden, wenn wir uns zur »Dornen-krone« der Natur entwickeln und nicht zur »Krone der Schöpfung«.

*»Unser Verhältnis zum Reich der Mineralien hat sich in wenigen Jahren
grundlegend gewandelt. Früher war man geneigt, die bunten kristallinen Körper
der Fachwissenschaft zu überlassen, und man mochte Sammlungen in Museen
oder Schulen als verstaubte Zusammenstellungen von Kuriositäten ansehen,
die mehr der Erfüllung einer Pflichtforderung zuliebe vorhanden waren. Heute aber
hat der Sinn für die gesetzmäßig gestaltete, dabei zunächst so fremde Form
weite Kreise erfaßt. Die ursprüngliche Freude an der geheimnisvoll aufglühenden Farbe
und an der eigenwilligen Gestalt trifft in Gefühlstiefen mit dem erweckten Sinn
für abstrakte Formen, wie etwa in der Malerei, zusammen und zugleich
mit einem Wunsch voller Sachlichkeit, mehr über dieses besondere Reich der Natur
zu erfahren.«*

Vincenzo de Michele
Konservator für Mineralogie am
Museo Civico di Storia Naturale in Mailand

Quellenangaben

Claudius, Matthias: »Abendlied«. In: Echtermeyer, Theodor (Hrsg.): *Deutsche Gedichte von den Anfängen bis zur Gegenwart*, Düsseldorf 1960, S. 147

Ditfurth, Hoimar von: *Wir sind nicht nur von dieser Welt.* Hamburg 1981, S. 61

Keller, Gottfried: »Abendlied«. In: Echtermeyer, Theodor (Hrsg.): *Deutsche Gedichte von den Anfängen bis zur Gegenwart.* Düsseldorf 1960, S. 499

Michele, Vincenzo de: *Mineralien in Farbe,* (2. Aufl.) München 1977, im Vorwort

Sachs, Nelly: »Wir Steine«. In: dies.: *Fahrt ins Staublose. Gedichte.* Frankfurt a. M. 1991

Teilhard de Chardin, Pierre: *Lobgesang des Alls.* (2. Aufl.) Olten und Freiburg i. Br. 1966

Literaturverzeichnis

Für an Steinkunde Interessierte:

Für die Leser und Leserinnen, die noch keine Erfahrung im Sammeln von Steinen und Mineralien haben und sich dafür interessieren, seien hier für den Anfang ein paar Literaturhinweise angeboten, die sehr leicht einen ersten Überblick und eine gute Einführung vermitteln können:

Alwart, Karl: *Grenzsteine erzählen*. Selbstverlag. Pirmasens 1975

Beurlen, Karl: *Welche Versteinerung ist das?* Stuttgart 1978

Bode, Rainer: *Mineralien*. Stuttgart 1992

Ernst, Wallace: *Bausteine der Erde*. Reihe »Geowissen kompakt«, Bd. 3, Stuttgart 1977

Hartmann, Karl / Binneweis, Bernd: *Edelsteine*. Stuttgart 1975

Haubold, Hartmut / Daber, Rudolf: *Fossilien, Mineralien und Geologische Begriffe*. Frankfurt 1989

Huber, Peter und Simone: *Mineral-Fundstellenführer in Oberösterreich, Niederösterreich und Burgenland*. München 1977

Hungerbühler, Axel: *Fossilien*. Stuttgart 1992

Keller, Erich: *Wachstum und Aufbau der Kristalle*. Köln 1980

Ladurner, Josef / Purtscheller, Franz: *Mein kleines Mineralienbuch*. Frankfurt 1983
  ders.: *Das große Mineralienbuch*. Innsbruck 1970

Lexikon für Mineralien- und Gesteinskunde. Luzern 1977

Michele, Vincenzo de: *Mineralien in Farbe*. (2. Aufl.) München 1977

Negendank, Jörg: *Geologie*. Reihe »Wissenschaft aktuell«. München 1981

Schmeltzer, Hartmut: *Mineral-Fundstellen in Rheinland-Pfalz und Saarland*. München 1977
  ders.: *Mineralfundstellen in Bayern*. München 1978
  ders.: *Mineral-Fundstellenführer in Baden-Württemberg*. München 1977

Schönharting, Martin: *Kristalle züchten*. Stuttgart 1980

Schumann, Walter: *Mein Hobby: Steinesammeln*. Reihe »Was – Wie – Wo?« München 1982

Schumann, Walter: *Mineralien und Gesteine*. München 1979
Struebel, Günter / Zimmer, Siegfried: *Lexikon der Mineralogie*. Stuttgart 1982

Zeitschriften für Steinsammler und -liebhaber

Der Aufschluß, hrsg. von der Vereinigung der Freunde der Mineralogie und Geologie (VFMG) e.V., Heidelberg
Lapis, Aktuelle Monatsschrift für Liebhaber & Sammler. Christian Weise Verlag, München
Schätze der Erde, Mineralien und Steine. Atlas Verlag, Lörrach

Bezugsquellen für Steine

Wer nicht die Gelegenheit hat, Steine zu sammeln, oder beim Sammeln wenig Glück hat und dennoch einige schöne Belegstücke für Mineralien, Steine oder Versteinerungen haben möchte, kann diese entweder über Mineralien-, Schmuck- und Edelsteingeschäfte erwerben (nicht immer preisgünstig), aber auch über den Fachhandel beziehen, wie z.B.:
»Kristalldruse«, Oberanger 6, 80331 München, Telefon 0 89 / 4 80 29 33
Dr. F. Krantz, Rheinisches Mineralienkontor, Fraunhoferstraße 7, 53121 Bonn,
    Telefon 02 28 / 9 88 65-0
Systematik-Mineralien, Maria Schmidt, Am Fischerweg 10, 34497 Korbach,
    Telefon 0 56 31 / 6 02 51

Eine Fülle weiterer Bezugsquellen bietet die obengenannte Zeitschrift *Lapis*.

In jeder größeren Stadt finden jährlich Mineral- und Edelsteinbörsen statt. Die Termine kann man in der Tagespresse erfahren. Auf diesen Ausstellungen hat man die beste Auswahl, auch die Preise sind in der Regel viel niedriger. Und das direkte Gespräch mit den Sammlern ist hier gefragt.

Weitere Bücher zu Steinen und Edelsteinen
(in der Tradition des Volksglaubens und der Heilkunde)

Bonnewiz, Ra: *Der Kosmos der Kristalle.* München 1987

Chocron, Daya: *Heilen mit Edelsteinen.* München 1984

Fuchs, Martin / Göhrum, Volker: *Stein – Zeichen.* Freiburg 1984

Gries, Gerd-Werner u. a.: *Die letzten Fragen laß den Steinen.* Eschbach 1990

Hertzka, Gottfried / Strehlow, Wighard: *Die Edelsteinmedizin der heiligen Hildegard.* (14. Aufl.) Freiburg 1998
> Die Edelsteine zur »Edelsteinmedizin« sind zu beziehen über das Prana-Haus im Verlag Hermann Bauer, Kronenstraße 2–4, 79100 Freiburg, Telefon 07 61 / 70 82 - 0

Hild, Hermann: *Glanz und Geheimnis edler Steine.* Saarbrücken 1963

Hofmann, Helmut: *Edelsteintherapie – Hilfe für Gesundheit und innere Harmonie.* München 1997
> ders.: *Die Botschaft der Edelsteine.* München 1996

Laroche, Agatha: *Die persönliche Magie der Schmucksteine.* Freiburg 1997

Korte, Andreas / Hofmann, Antje und Helmut: *Orchideen, Edelsteine und ihre heilenden Energien.* (2. Aufl.) Freiburg 1992

Markham, Ursula: *Universelle Kräfte der Edelsteine und Kristalle.* München 1990

Rapheell, Kotrina: *Wissende Kristalle.* (6. Aufl.) Interlaken 1991
> dies.: *Heilen mit Kristallen.* München 1988

Silbey, Ursula: *Heilkraft der Kristalle.* München 1988

Schmidt, Peter: *Edelsteine – Ihr Wesen und ihr Wert bei den Kulturvölkern.* Bonn 1948 (Dieses Buch, das sicherlich nur noch antiquarisch zu beziehen ist, gibt einen guten Überblick über die ältere Literatur.)

Tansley, David: *Energiekörper.* München 1982

Uyldert, Mellie: *Verborgene Kräfte der Edelsteine.* München 1985

Literatur zum Thema Meditation

Brantschen, Niklaus: *Der Weg ist in dir. Anregungen zur Meditation.* Zürich 1992

Dürkheim, Karlfried Graf: *Meditieren, wozu und wie?* Freiburg 1980

Enomiya-Lassalle, Hugo: *Kraft aus dem Schweigen. Einüben in die Zen-Meditation.* (3. Aufl.) Zürich 1992

Huth, Almuth und Werner: *Meditation. Begegnung mit der eigenen Mitte.* (3. Aufl.) München 1990

Kakuska Rainer: *Meditation.* Reihe »kurz & praktisch«. Freiburg 1995

Massa, Willi: *Kontemplative Meditation – Wolke des Nichtwissens.* (7. Aufl.) Mainz 1983
ders.: *Meditation.* Mettlach (Neumühle) 1986

Mello, Anthony de: *Meditieren mit Leib und Seele.* Kevelaer 1986

Murphy, Joseph: *Stille Momente mit Gott.* München 1988
ders.: *Spezielle Meditationen für Gesundheit, Wohlstand, Liebe und Selbstausdruck.* (3. Aufl.) München 1987

Ostertag, Silvia: *Einswerden mit sich selbst.* München 1981

Seitz, Martin: *Der Meditationsführer – Wege nach Innen. Wie Sie Ihre persönliche Meditationsmethode finden können.* Freiburg 1986

Tilmann , Klemens: *Führung zur Meditation.* (9. Aufl.) Zürich 1992

Volk, Georg: *Entspannung, Sammlung, Meditation.* Mainz 1993

Meditationsmusik finden Sie beispielsweise im Prana-Haus, Verlag Hermann Bauer, Kronenstraße 2–4, 79100 Freiburg, Telefon 07 61 / 70 82-0

Meditationskassetten können Sie z. B. beziehen über Auditorium, Schweinfurter Str. 40, 97359 Münsterschwarzach Abtei, Telefon 0 93 24 / 2 02 92

Museen für Gesteine, Mineralien, Versteinerungen

Wer schöne, interessante und oft sehr seltene Steine, Mineralien und Versteinerungen kennenlernen möchte, dem seien folgende bekannte Museen empfohlen. In der Regel wird auch jedes Heimatmuseum die bedeutendsten Steine der jeweiligen Region in seiner Sammlung haben. Man sollte zudem auf Hinweise in den Tageszeitungen achten, die Mineralienausstellungen bzw. -börsen ankündigen.

Deutschland

Aschaffenburg	Naturhistorisches Museum
Bamberg	Naturkundemuseum
Berlin	Museum für Naturkunde
Bochum	Deutsches Bergbaumuseum
Bonn	Mineralogisches-Petrologisches Museum
Darmstadt	Hessisches Landesmuseum
Dortmund	Museum für Naturkunde
Dresden	Staatliches Museum für Mineralogie und Geologie
Frankfurt	Naturmuseum »Senkenberg«
Freiburg	TU, Bergakademie
Hamburg	Mineralogisches Museum der Universität
Idar-Oberstein	Deutsches Edelsteinmuseum
Idar-Oberstein	Heimatmuseum
Jena	Mineralogische Sammlung
Karlsruhe	Staatliches Museum für Naturkunde
Kiel	Mineralogisches-Petrologisches Museum
Köln	Mineralogisches Museum der Universität
Leipzig	Naturkundemuseum
Mainz	Naturhistorisches Museum
Marburg	Mineralogisches Museum
München	TU, Mineralogie und Geochemie
München	Museum »Reich der Kristalle«
Münster	Mineralogisches Museum der Universität
Saarbrücken	Geologisches Museum der Saarbergwerke
Zwickau	Städtisches Museum

Österreich

Bramberg	Heimatmuseum »Wilhelmsgut«
Dornbirn	Vorarlberger Naturschau
Graz	Steiermärkisches Landesmuseum »Joanneum«

Innsbruck	Tiroler Landesmuseum »Ferdinandeum«
Innsbruck	Leopold-Franzens-Universität, Institut für Mineralogie und Petrographie
Klagenfurt	Landesmuseum für Kärtnen
Kremsmünster	Mineralogisches Kabinett der Sternwarte
Linz	Oberöstereichisches Landesmuseum
Salzburg	Institut für Mineralogie der Universität
Salzburg	Haus der Natur
Wien	Institut für Geologie der Universität
Wien	Niederöstereichisches Landesmuseum
Wien	Naturhistorisches Museum
Wien	TU, Institut für Mineralogie, Kristallographie und Strukturchemie
Wien	Universität Wien, Institut für Geologie
Wien	Universität Wien, Institut für Petrologie

Schweiz

Basel	Naturhistorisches Museum
Bern	Naturhistorisches Museum
Binn	Regionalmuseum
Chur	Bündner Naturmuseum
Fribourg	Naturhistorisches Museum
Genf	Naturhistorisches Museum
Lausanne	Geologisches Museum
Lugano	Naturhistorisches Museum
Luzern	Naturmuseum
Neuchatel	Institut für Geologie der Universität
Schönenwerd	Museum »Bally-Prior«
Solothurn	Naturmuseum
Winterthur	Naturwissenschaftliche Sammlung
Zürich	Mineralogisch-Petrographische Sammlung der Eidgenössischen-Technischen Hochschule Zürich

Verlag Hermann Bauer · Freiburg im Breisgau

Klaus Harald Wittig

Merlinstab und Zirbelzweig
Geomantie – die Zeichen der Erde deuten

303 Seiten, 11 Zeichn., geb.; ISBN 3-7626-0568-8

Erdheilung – ein Thema, das heute viele Menschen fasziniert. Jede Art von Heilen, auch das Heilen von Orten oder Landschaften, beginnt mit der Fähigkeit, energetische Zusammenhänge mit einer erhöhten Sensibilität wahrzunehmen. Wie dies zu schulen ist, worauf es beim Kontakt mit der Erde ankommt, erfährt der Leser in *Merlinstab und Zirbelzweig.*

Ein junger Mann beschreibt, wie er sich der Natur nähern lernt – ein Schüler der Erde im Gespräch mit Bäumen, Stein und Quell. Die spezifische Geographie des Ortes spielt dabei keine Rolle, denn, so der Autor, »es geht nicht um die Orte selbst, sondern um das, was ein Mensch aus der Begegnung mit einem Ort lernen kann«.

Wittig hat den Weg geschildert, den er selbst als Übender ging, und ermutigt: »Was ich lernen konnte, kann jeder andere, der es möchte, auch.« Schon beim Lesen bekommt man Lust, beim nächsten Unterwegssein die Natur mit »mehr Antennen« als bislang zu erleben und sich – mit Hilfe dieses geomantischen Tagebuchs – das Wissen der Erde zu erschließen.

Verlag Hermann Bauer · Freiburg im Breisgau

Verlag Hermann Bauer · Freiburg im Breisgau

Gottfried Hertzka / Wighard Strehlow

Die Edelsteinmedizin der heiligen Hildegard

191 Seiten, 24 farbige Abb., kart.; ISBN 3-7626-0294-8

In ihrer Edelsteinmedizin hat uns Hildegard von Bingen etwas einzig-artiges hinterlassen. Wir lernen nicht nur die kosmisch-mystische Entstehung der Edelsteine kennen, sondern erfahren auch, mit welchen Naturkräften sie ausgerüstet sind, um noch tiefer in seelische Bereiche einzugreifen, als es mit anderen medizinischen Methoden möglich ist. Der Umgang mit den Edelsteinen führt den Therapeuten mehr als gewöhnlich an unbekannte kosmische Gesetze heran. Wer die Edelsteinmedizin in der rechten Gesinnung und Aufgeschlossen-heit gelesen hat, bekommt ein neues Wissen um große Zusammen-hänge zwischen Mensch und Natur.

Verlag Hermann Bauer · Freiburg im Breisgau

Verlag Hermann Bauer · Freiburg im Breisgau

Richard Craze

Feng Shui
Buch & Karten-Set

Buch mit 64 Seiten und zahlreichen farbigen Abbildungen,
32 Karten; im Schuber; ISBN 3-7626-0576-9

Ch'i, die universelle Lebensenergie, bringt uns Gesundheit, Glück und inneres Gleichgewicht, wenn sie ungehindert fließen kann. Ist ihr Fuß aber zu stark oder blockiert, so entsteht nach der alten Feng-Shui-Lehre »widerlicher Dunst« oder Sha, das unser Gleichgewicht empfindlich stören oder uns gar Unglück bescheren kann.

Das vorliegende Buch mit dem neuartigen Karten-Set führt Sie mit einem Blick für das Wesentliche in die Grundlagen dieser jahrhundertealten Kunst ein. Sie erfahren, wie Sie schon durch kleine Veränderungen in Wohnung, Haus, Büro oder Garten wichtige Lebensbereiche stärken und damit Wohlstand, beruflichen Erfolg, harmonische Familienbeziehungen, Lebensfreude und Weisheit anziehen. Ein Windspiel oder eine Pflanze an der richtigen Stelle – schon kann das Ch'i freier fließen und sich Ihr Leben zum Positiven wenden.

Das Feng-Shui-Buch mit den 32 Karten hilft Ihnen, zu erkennen, wo und wie Sie in Ihrem Leben etwas verbessern und das Ch'i wieder in harmonischen Fluß bringen können.

Verlag Hermann Bauer · Freiburg im Breisgau